全国中考语文现代文阅读
"热点作家"经典作品精选集

试卷上的作家

一只蚂蚁爬过春天

安 宁／著
张国龙／主编

延伸阅读　备战中考
适合考生做语文阅读的散文集
走进语文之美，领略阅读精髓

初中版

丰富的阅读素材
从童年往事到世间百态
从青葱校园到异域风光
开拓视野，看见世界，提升写作能力和人文素养

四川文艺出版社

图书在版编目（CIP）数据

一只蚂蚁爬过春天 / 安宁著 . -- 成都：四川文艺出版社，2023.7
（试卷上的作家）
ISBN 978-7-5411-6702-7

Ⅰ.①一… Ⅱ.①安… Ⅲ.①阅读课—中学—教学参考资料 Ⅳ.①G634.333

中国国家版本馆CIP数据核字（2023）第122502号

YIZHI MAYI PAGUO CHUNTIAN
一只蚂蚁爬过春天
安 宁 著

出 品 人	谭清洁
责任编辑	李国亮　孙晓萍
封面设计	宋双成
内文设计	宋双成
责任校对	文 雯

出版发行	四川文艺出版社（成都市锦江区三色路238号）			
网　　址	www.scwys.com			
电　　话	028-86361802（发行部）　028-86361781（编辑部）			
排　　版	北京书香文雅图书文化有限公司			
印　　刷	三河市兴国印务有限公司			
成品尺寸	165mm×235mm	开　本	16开	
印　张	14	字　数	170千	
版　次	2023年7月第一版	印　次	2023年7月第一次印刷	
书　号	ISBN 978-7-5411-6702-7			
定　价	39.80元			

版权所有，侵权必究。如有印装质量问题，请与出版社联系调换。联系电话：028-86361795。

总　序

情感和思想的写真

张国龙

和小说、诗歌等相比，散文与大众更为亲近。大多数人一生中或多或少会运用到散文，诸如，写作文、写信、写留言条等。和小说相比，散文大多篇幅不长，不需占用太多的读写时间；和诗歌相比，散文更为通俗易懂。一句话，散文具有草根性和平民性气质。

在中小学语文课本中，散文篇目体量最大。换句话说，散文是中小学语文教学不可或缺的资源。中学生所学的语文课文大多是散文；小学生初学写作文，散文便是最早的试验田。从某种意义上说，中小学作文教学就是散文教学，主要涉及记叙性散文、抒情性散文和议论性散文。在中考、高考等各类考试中，作文的写作离不开这三类散文，甚至明确规定不可以写成诗歌。可见，散文这一文体在阅读和写作中占据了举足轻重的地位。

然而，散文作为一种"回忆性"文体，作者需要丰富的生活经历和厚重的人生体验。散文佳作，自然离不开情感的真挚性和思想的震撼性。因此，书写少年儿童生活和展现少年儿童心灵世界的散文，无外乎两类：一是成年作家回望童年和少年时光；二是少年儿童书写成长中的自己。这两类散文可统称为"少年儿童本位散文"。显而易见，前者数量更大，作品质量更高。事实上，还有相当一部

\ 试卷上的作家

分散文作品,虽然并非以少年儿童为本位,却能被少年儿童理解、接受,能够滋养少年儿童的心灵。

这套丛书遴选了众多散文名家,每人一部作品集。这些作家作品可以分作两类。一类是主要从事儿童文学创作的作家,基于少年儿童本位创作的散文,比如吴然的《白水台看云》、安武林的《安徒生的孤独》、林彦的《星星还在北方》、张国龙的《一里路需要走多久》。另一类是主要创作大众文学的作家,虽不是专为少年儿童创作,却能被少年儿童接受的散文,比如,刘心武的《起点之美》、韩小蕙的《目标始终如一》、刘庆邦的《端灯》、曹旭的《有温度的生活》、王兆胜的《阳光心房》、杨海蒂的《杂花生树》、乔叶的《鲜花课》、林夕的《从身边最近的地方寻找快乐》、辛茜的《鸟儿细语》、张丽钧的《心壤之上,万亩花开》、安宁的《一只蚂蚁爬过春天》、朱鸿的《高考作文的命题与散文写作》、梅洁的《楼兰的忧郁》、裘山山的《相亲相爱的水》、叶倾城的《用三十年等我自己长大》、简默的《指尖花田》、尹传红的《由雪引发的科学实验》。一方面,这些作家的作品皆适合少年儿童阅读;另一方面,这些作家的某些篇章曾出现在中小学生的语文试卷上。因此,可以称他们为"试卷上的作家"。

通观上述作家的散文集,无论是否以少年儿童为本位,都着力观照内心世界,抒发主体情思,崇尚真实、自由、率性的表达。

这些散文集涉及的题材多种多样,大致可分为如下三类:

其一,日常生活类。"叙事型"和"写景状物型"散文即是。铺写"我"的童年、少年生活中真实的人、事、情、景。以记叙为主,抒情与议论点染其间。比如,刘庆邦的《十五岁的少年向往百草园》

以温润的笔触，描摹了"我"在十五岁那年拜谒鲁迅故居的点点滴滴，展现了一个乡村少年对大文豪鲁迅先生的渴慕与敬仰。安武林的《黑豆里的母亲》用简约的文字，勾勒出母亲一生的困苦、卑微和坚忍，字里行间点染着悲悯与痛惜。

其二，情感类。通常所说的"抒情型"散文属此范畴，即由现实生活中的人、事、情、景引发的喜、怒、哀、乐等。以渲染"我"的主体情思为重心，人、事、情、景等是点燃内心真情实感的导火索。比如，梅洁的《童年旧事》饱蘸深情，铺叙了童年的"我"和同班同学阿三彼此的关心。一别数十载，重逢时已物人两非。曾经有着明亮单眼皮眼睛的阿三，已被岁月淘洗成"一个沉静而冷凝的男子汉"。"我"不由得轻喟"成年的阿三不属于我的感情"。辛茜的《花生米》娓娓叙说了父亲为了让"我"能吃到珍贵的花生米，带"我"去朋友家做客，并让"我"独自留宿。一夜小别，父女似久别重逢。得知那家的阿姨并没有给"我"炸花生米吃，父亲欲说还休。多年之后的"我"，回忆起这件事仍旧如鲠在喉。

其三，性情类。"独白型"散文即是。心灵世界辽阔无边，充满了芜杂的景观。事实上，我们往往只能抵达心灵九重天的一隅。在心灵的迷宫中，有多少隐秘、幽微的意识浪花被我们忽略？外部世界再大也总会有边际，心灵世界之大却无法准确找到疆界，如同深邃莫测的时光隧道。每天一睁眼，意识就开始流动、发散，我们是否能够把内心的律动细致入微地记录下来？这必定是高难度写作。如果我们追问个体生命的具体存在状态，每一天的意识流动无疑就是我们存在的最好确证。比如，曹旭的《梦雨》惜字如金，将人的形象和物的意象有机相融，把女性和江南相连缀，物我同一。

尤其是把雨比喻成女孩，"第一次见面，你甚至不必下，我的池塘里已布满你透明的韵律"，空灵、曼妙，蕴藉了唐诗宋词的意味。乔叶的《我是一片瓦》由乡村习见的"瓦"浮想联翩，岁月倥偬，"瓦"已凝结成意象，沉入"我"的血脉，伴随我到天南海北。"瓦"是"我"写作的情结，更是另一个"我"。杨海蒂的《我去地坛，只为能与他相遇》，"我"因为喜欢史铁生的《我与地坛》而一次次去地坛，真真切切地感受史铁生的轮椅和笔触曾触摸过的一草一木。字里行间，漫溢出一个人对另一个人的体恤与爱怜、一位作家对另一位作家的仰望与珍视。或者说，一个作家文字里流淌的真性情，激活了另一个作家的率性和坦荡。

不管是铺写日常生活、表达真挚情感，还是展现率真性情，上述作品大体具有如下审美特征：

其一，真实性。从艺术表现的特质看，散文是最具"个人性"的文体，一切从自我出发。或者说，散文就是写作者的"自叙传"和"内心独白"。这就决定了散文的内容，其人、事、情、景等皆具有真实性，甚至可以一一还原。当然，真实性在散文中呈现的状态是开放、多元的，与虚假、虚构相对抗，尤其体现在表象的真实和心理的真实。不管是客观、物化的真实，还是主观、抽象的心理真实，只要是因"我"的情感涌动而吟唱出的"心底的歌"，就无碍于散文的"真"。散文的真实，大多体现为客观的真实，即"我"亲历（耳闻目睹），"我"所叙述的"场景"实实在在发生过，甚至可以找到见证人。对事件的讲述甚至具有纪实性，与事件相关的人甚至可以与"我"生活中的某人对号入座。叙写的逻辑顺序为："我"看见＋"我"听见＋"我"想到，即"我"的所见、所闻和所感,且多采取"叙述+抒情+议论"的表现方式。比如,林彦的《夜别枫桥》,少年的"我"先是遭遇父母离异,而后因病休学,独自客居苏州。那座始终沉默无语的枫桥,见证了"我"在苏州的数百个日日夜夜。那些萍水相逢的过客,给予了"我"终生铭记的真情。

其二,美文性。少年儿童散文通常用美的文字,再现美的生活,营造美的意境,表现美好的人情、人性和人格,是真正的"美文"。比如,吴然的《樱花信》,语言叮当如环佩,景物描写美轮美奂,读来令人神清气爽,齿唇留香。"阳光是那样柔和亮丽,薄薄的,嫩嫩的,从花枝花簇间摇落下来,一晃一晃地偷看我给你写信……饱满的花瓣,那么嫩那么丰润,似乎那绯红的汁液就要滴下来了,滴在我的信笺上了。你尽可以想象此刻圆通山的美丽。空气是清澈的,在一缕淡淡的通明的浅红中,弥漫着花的芬芳……昆明人都来看樱花,都来拜访樱花了!谁要是错过了这个芬芳绚丽的节日,谁都会遗憾,都会觉得生活中缺少了一种情调、一种明亮与温馨……"安宁的《流浪的野草》,文字素面朝天、洗尽铅华,彰显了空灵、曼妙、清丽的情思。"燕麦在高高的坡上,像一株柔弱的树苗,站在风里,注视着我们的村庄。有时,她也会背转过身去,朝着远方眺望。我猜那里是她即将前往的地方。远方有什么呢,除了大片大片的田地,或者蜿蜒曲折的河流,我完全想象不出。"

其三,趣味性。少年儿童生活色彩斑斓,充满了童真、童趣。少年儿童散文不论是写人、记事,还是抒情、言志,皆注重生动活泼、趣味盎然。与此同时,人生中的诸多真谛自然而然地流淌于字里行间,从而使文章具有超越生活的理趣,既提升了文章的境界,又能陶冶阅读者的性情。比如，王兆胜的《名人的胡须》，用瀑布、白云、大扫帚、括弧、燕子等各种事物类比各个名人各具特色的胡须。稀松平常的胡须看似可有可无，却有着不同寻常的意义。古今中外名人与胡须的逸事，读来令人莞尔，幽默、风趣的笔调里蕴含着举重若轻的哲理。张丽钧的《兰花开了18朵》，"我"时常和蝴蝶兰说话，如母亲的斥责，似闺密的呢喃，像恋人的娇嗔，满满的人间情怀里渗透着天然的机趣。"我家这株蝴蝶兰，真真是个慢性子——一簇花，耗费了整整66天的时间，才算是开妥了。从2月24日到5月1日，总共开了18朵花，平均3.67天开一朵。我跟她说：'亲呀亲，你可是我拉扯大的呀，咋这脾性半点儿都不随我呢？这么慢条斯理地开，你是打算把全部春光都占尽了吗？'"

　　散文创作通常与作者的亲身经历密切相关，尤其注重展现真性情，因此散文抒写的往往是个人的心灵史和情感史。这些散文作品不单是中学生写作的范本，还是教导中学生为人处世的良师益友！

2022年10月18日

于北京师范大学

序 言

写作是暗夜里的光

安　宁

我们为什么要写作呢？尤其在这样一个文学看似在网络上繁花似锦，实则萧条的时代——一份份的文学刊物消失，一家家的精品书店关门，依靠写作谋生的时代，也不复从前。即便如此，依然有许多的写作者，执着地行走在这条路上，追溯其最终极的原因——写作是我们灵魂的需要，我们离不开文字，恰如暗夜里需要一束美好的光。

从未厌倦过写作，只有在写作中，我才回归到真正的自己，并看清这个世界的喧哗与吵嚷不过是人生的表象。文字是一把手术刀，帮我们打开被忽略或者忘记的角落，擦亮被黑夜蒙蔽的一切。作为一个写作者，其实是幸运的，尽管敏感常常会让我们觉出痛苦，但一旦将这样的痛苦转为文字，创作的喜悦又会驱散一切世俗的烦恼。对于大多数的写作者来说，写作并不是一个多么有效的功利性的工具，它还会让我们拥有外人无法理解的孤独感，可即便如此，每天晚上，我还是习惯了打开电脑，十指飞扬，让自己沉浸在一个人的世界中，并在文字的指引下，前往静寂迷人的开阔之地。我喜欢这样的时刻，好像一切世间的纷扰喧哗都忽然消隐掉，世界变得静寂温柔，而我借助文字行走其中，觉得像在茂密的森林中，寻找童话里的城堡。

很多时候，写作是我们对抗这个世界最有效的武器，也是与这个世界和解最通达的方式。心存悲悯，当是所有写作者应该抵达的人生境界，也是在我们的作品中应该保有的明亮底色。不能对这个世界宽容，看清人性中的缺陷，及其造成的种种纷争与人生困境，也便无法在创作中抵达更辽远、苍茫的意境。

这个世界充满了形形色色的人，单纯的、邪恶的、卑微的、狂傲的。而写作，不过是为了将这些与我们生活在同一片土地上的普通人，将他们的一生切下一个能够窥视到其中隐秘的截面。写作者当然也是这人群中的一员，也在这截面中扮演着某种未必那么光彩的角色，但因为视野，可以时时地借助于文字跳出，并看到为生活奔走、喧哗的众生，看到波涛暗涌的命运之海载着我们所有人，前往充满无限可能性的未来。这样的跳出让写作者与普通人区别开来，并因为文字的力量，让我们的灵魂具有了开阔悲悯的境界。

大多数的写作者应该都是悲观主义的人生态度。但这种悲观，并不是避世与绝望，而是对人性与世界所存的质疑——不苟同，不轻易赞美，是一种清醒的思考方式。写作者独立不拘的判断又决定了作品境界的高低和作品的价值走向。悲观主义能够让我们放低对人性的期待，从而心生悲悯与宽容，并看到这个世界更为广阔的层面。

在喧嚣的尘世中孤独行走的人类，其实在精神上，更接近荒原或者暗夜；而写作与文字，无疑是这暗夜里的光，照亮我们前方的路途，也慰藉孤独的灵魂，并让一颗心觉出温暖。物质当然是这个世界上我们赖以生存的重要的东西，可是精神世界如果荒芜，物质的城墙积累得越高，便越有突然坍塌的危险。所以许多写作者行至终老依然坚持不停息地写作，不过是因为我们需要借助写作，在内心与这个世界之间建立一个畅通无阻的通道。

写作者的灵魂，就这样自由地在这条通道上行走。照亮他者，也温暖自己。

访 谈

安宁：在寂静人间，书写自然的声响

记者：从你的"乡村四部曲"中，发现你特别擅长对人性及人情冷暖的描摹，即便描写自然中的植物动物，也会带入人的视角。你为何喜欢从这一角度切入？

安宁：《我们正在消失的乡村生活》《遗忘在乡下的植物》《乡野闲人》《寂静人间》是我的"乡村四部曲"。我用一个个或孤独或热闹的人间故事，记载了我对自然虚空事物的思考与描写。通过这四本书的写作，我发现我的确对人与人之间的关系特别感兴趣。我觉得文学在某种程度上也是人学，是关于人性和人情的。内心敏感的人自会捕捉到细微的人心的悸动，或者灵魂深处闪烁的光芒。如果仔细观察，我们会发现世间每一个人、每一处角落，都是一个深邃的大海，都有值得挖掘的写作素材。在入选2015年度散文排行榜的散文《走亲戚》中，我写到在亲戚家吃饭的小心翼翼时，就用了一只并不懂人情世故的狗想要吃被人吐在桌子底下的骨头，却被主人赶走并呵斥其表现反常的细节，来凸显人与人之间关系的微妙和惧怕来人有事打扰的敏感心理。这要比单纯地讲述亲戚间关系的复杂，更为形象，且让人可信。事实上，我觉得世间万事万物都是有关联的，只要倾注真情，人与一只猫、一只飞虫、一朵花，也可以达成交流。所以，在《遗忘在乡下的植物》《寂静人间》这两本书中，即便书写的对象都是植物、动物、风雨云雪等事物，我依然将人性、人情介入其中。

记者：你是从何时开始有意识地进行这种细腻的写作训练的？

安宁：我从刚刚读大学本科的时候就开始了对写作的有意识的训练。我会留心观察身边的一切，是悄无声息地观察。我的眼睛是摄影机，但比摄影机更为安全，因为无人会注意到你这样的视线。我会对一株法桐向上伸展的姿态、一只蚂蚁跨越一片树叶的艰难、一朵花儿对阳光的接纳力度、一阵猫一样无声无息掠过房顶的风，都给予细致入微的观察，并很快地在脑中用文学的语言将这样的变化描述出来。这有些像绘画中的快速素描，要捕捉住最关键的一点。我的书包里总会随身携带一个小小的本子和一支笔，方便随手记录下这些转瞬即逝的灵感。音乐家会去大自然中捕捉天然的声源，而我所做的，便是在周围看似平淡无奇的生活中，及时捕捉到那些轻微的颤动，并将其转化为文字。

记者：算起来你已经写作二十年了，你是如何做到坚持写作的？

安宁：作家的写作像一场马拉松比赛，如果流星一样划过，很快就会被读者忘记。每个知名作家几乎都会持之以恒地创作。对于一个真正的作家来说，他其实不需要坚持写作，因为不写作他会非常地憋闷，甚至痛苦。在某种意义上，作家需要通过写作审视自己的灵魂。每个作家都有一种永不停息地用文字倾诉的欲望。写作对于我，更多的是满足个人倾诉的欲望，文字是我跟世界进行畅通无阻沟通的唯一通道。只有通过文字，我才能将内心的困惑、烦恼、思考，没有任何阻碍地表达出来。我的写作也会进入瓶颈期，会产生焦虑与痛苦，但是当我走过这段瓶颈期，心里又会充满了快乐与幸福。所以对于一个作家来说，不需要坚持去写，他需要的只是真正地热爱写作，只有热爱才能让写作更为长久。

记者：作为一名大学写作课老师，你如何看待当下学生写作及语文教育？

安宁：每年给刚刚通过高考的大一新生上课时，我都会深切地体会到当下中学生写作及我们的语文教育存在的问题。比如语言乏味、思维僵化、想象力不丰富、对生命的理解过于表面化、缺乏对世界的好奇心和探索欲望、缺乏对于爱的深层理解、对语文的理解限制于教科书、不喜欢我们美丽的母语，等等，这些都是当下学生写作中存在的问题。避免和解决这些问题绝不是一朝一夕的事情，也没有一个统一的标准化的方法。但我始终认为，多阅读、多思考、多练笔、多观察、多行走、多做发散性思维的训练，像孩子一样始终保持对世界的好奇心和想象力，加深对于爱、生命，也包括死亡的理解，是最基本也是最为重要的方法。因为语文教育归根结底是关于爱与生命的教育，是让我们如何学会做一个真正的人的教育，是建立我们与自然、世界，甚至宇宙和谐关系的教育。

记者：你的作品特别注重对语言的打磨，你认为你的写作受益于哪些图书的阅读？

安宁：我本科不是文学院毕业的，我的专业是外语，所以为了提高写作水平，我选择先从中国古典文学作品开始阅读。我的写作语言很大一部分受益于中国古典图书的阅读，从《山海经》开始，大多数经典的古典图书我都有涉猎。我还因此进行了《聊斋志异》《阅微草堂笔记》《笑林广记》三本书的解读，但解读的目的不是单纯为了发表或者出版，而是通过变相阅读提高自己的文字能力，将作品语言变得更为简洁。我非常喜欢中国古典文学，觉得它们能用最少的字词，表达最丰富的内涵。比如蒲松龄在《聊斋志异》的《绿衣女》这篇中，用"宛转滑烈，动耳摇心"八个字，将绿衣女的歌声之美表达得如此细腻准确。另外，我博士读的电影学，但毕业后因为机缘巧合，我在大学改为戏剧教学和研究，我因此很系统地对中外经典戏剧作品进行了全面研读。同时，我非常热爱诗歌。我觉得戏剧和诗歌的诗意之美，也给予我的写作很大的启发和促进。

记者：你如何看待自己老师和作家的双重身份？

安宁：教书和写作，是我的双重人生。虽然教书是我的职业，但在我的心里，它并非只是谋生的职业本身。因为我非常地热爱这份工作，就像我痴迷于写作一样。它们在我的心里没有轻重高低之分，一个满足我用口头语言倾诉的快乐，一个满足我用书面语言倾诉的快乐，而且它们都让我的心态时刻保持年轻。真的，单单每次上课的时候，看到那些新鲜饱满、生机勃勃的面孔，我就觉得青春美好，人生幸福。无疑，作为写作老师的我，能够自身从事创作对于教学有着很大的裨益，而永不停歇的阅读和写作实践提供给我源源不断的关于创作的思考。而教学中，不同学生在写作上存在的问题，又让我能够反思自我。同时，拥有不同个性的学生本身，也给了我很多的创作灵感。

记者：提到学生，想起你推出的生于1999年的"千里马"渡澜，在文坛引起很大的反响。其短篇小说《昧火》入选中国小说学会2019年度中国小说排行榜，荣获华语青年作家奖、《小说选刊》新人奖、丁玲文学奖、草原文学奖等奖项，北京十月文艺出版社还推出了其首部短篇小说集《傻子乌尼戈消失了》。你也经常热情地引荐其他一些新人，这让你有了"伯乐"的美誉。你在发掘新人的过程中，有哪些深刻的体会？

安宁：我觉得最深的体会莫过于，"伯乐"不是一个好干的差事。因为这需要一个老师除了具备文学的素养、敏锐的发现能力、持之以恒的毅力，可以助推学生开拓一条通往未来的道路，还必须在接纳学生不同个性及不同家庭背景的基础上因材施教，给予他们写作正确的指导和更为长远的规划，而这种接纳需要建立在老师开阔的心胸和对学生无私的爱的基础上。但凡在某一方面有优秀禀赋的学生都会有独特的个性，这种个性有时会与你自身的性格冲突，或者与你的处世方式形成冲撞，这时你就需要为了学生的发展，宽容他们因为不成熟或阅历太少而暂时呈现出的固执、倔强、骄傲、自负，等等。一百个千里马，就有一百种性格，如果作为老师不能打开心胸，从人性复杂的角度接纳这种不同，就可能会中途放弃，不再给予无私的帮助。

其实我只是恰好有一颗爱才的心和爱事无巨细操心的性格，看到才华横溢的学生，总像捡到珠宝一样的兴奋，希望能将他们一一擦亮，放入星空，让他们各自散发璀璨光芒。作家沈从文在大学教授写作时常常自费将学生作品邮寄给刊物发表，有时给学生作品的批阅比学生作品字数还多。我一直被这种薪火相传的精神深深感动，也希望自己能够尽最大可能点燃每一个具有写作天赋的学生对于写作的热情。

　　我的信箱里，也时常有本校研究生、其他高校本科生，包括内蒙古外的大学生，慕名写来的邮件。他们发来稿子，希望得到我的写作指导。从功利的角度看，我完全可以选择忽略这些校外的学生，但我依然忍不住，基本上来信必复，尽可能地给予他们一些创作指导和鼓励。或许，这是因为我认为自己首先是一名大学老师，这一职业让我觉得我需要在精神上更纯粹一些。祛除功利主义的价值判断，我想这也是我们生命应该趋向的洁净、自由、开阔的形态。这是广袤苍凉的内蒙古大地给予我的生命启示，这种启示在我的最新散文集《寂静人间》中，也有鲜明的体现。

　　记者：作为一个从山东迁徙到内蒙古的作家，你认为内蒙古在你的创作中，具有怎样的意义？

　　安宁：当我行走在内蒙古这片广袤无边的大地上，我深深震动于星空注视下的草原的辽阔、森林的壮美、戈壁的苍凉、沙漠的苍茫，以及所有努力活着的生命的悲欢与起伏。草原所给予人类万物相爱、和谐共存的启示，开始融入我的散文的血脉之中。内蒙古这片大地给予我万物平等的理念、对草木鸟兽乃至最卑微生命的悲悯意识、生死皆应给予尊重敬畏的生命态度,以及飞鸟一样流浪迁徙、祛除占有欲望的自由精神,我觉得我开始进入一种质朴诗意又辽阔苍茫的散文创作道路。所以我始终感谢定居十年的内蒙古大地,它如此苍茫辽阔,让我站在这片土地上,常常生出哀愁。这哀愁是对生命的爱与眷恋。

目录 CATALOGUE

/试卷作家真题回顾/

家园 / 2
一株金银木点燃了冬天 / 6
与纯真相遇 / 10
不想历经的那年夏天 / 14

/试卷作家美文赏练/

流浪的野草 / 18
风越过辽阔的大地 / 22
追风的少年 / 25
一条河与一个村庄 / 30
飞鸟 / 34
雪落人间 / 38
腊条人家 / 42
▶预测演练一 / 45

雨水　／ 47

玉米的盛宴　／ 50

秋收　／ 54

月下看瓜　／ 58

一只蚂蚁爬过春天　／ 62

狗的一生　／ 65

乡间麻雀　／ 68

蛙鸣　／ 72

正午的驴子　／ 75

▶预测演练二　／ 78

夏日哀愁　／ 80

赶集　／ 83

卖豆腐的人　／ 87

孤独的黄昏　／ 91

小贩穿街而过　／ 95

秋天正在抵达的路上　／ 99

母亲的忧伤　／ 102

▶预测演练三　／ 105

那些永不消泯的事物 / 107

有月亮的夜晚 / 111

大风吹过蒙古高原 / 115

在海边的一个下午 / 119

青山下 / 122

在南方的日与夜 / 126

▶ 预测演练四 / 129

牧歌 / 131

月光下的白茶园 / 135

闲云乐山 / 139

行走的蜗牛 / 143

策马经过自卑年华 / 147

萤火 / 151

▶ 预测演练五 / 155

台上台下 / 157

花儿来得及 / 161

手绘的密码 / 165

时光雕刻的花朵　／ 168

谁采走了我的决明子　／ 171

十字路口处的一匹马　／ 175

有没有阳光温暖过卑微的你　／ 179

与一株花树相视而过　／ 183

▶预测演练六　／ 186

后记　／ 188

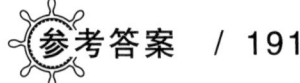参考答案　／ 191

试卷作家
真题回顾

家 园

①我依然记得那座老旧的宅子,我五岁之前的时光,全部是在那里度过的。

②是质朴的20世纪80年代。只有在春天,村庄里的色彩,随着田野里花朵蔓延,麦浪起伏,才渐渐斑斓起来。床底下所剩不多的白菜,这时会被人忘记。人们扛着锄头,纷纷走出家门,在春天煦暖的阳光下,活动一下窝了一整个冬天的腰身,而后走向自家的田地。

③而我们小孩子,则被留在了庭院里看家。老宅的房门与庭院门,都是木质的,用了粗重的门闩,打开或者关闭时,总会伴随着沉闷的响声,好像雷声自远远的天边传来。不管多大的风,都不能将那扇门吹动。门槛也高,于是院子里飞奔的毛茸茸的鸡仔们,也只能"望槛兴叹"。姐姐去地里挖草,回来扔一捆给牛,抱一团给猪,再丢一把给羊,最后,才用铡刀剁碎了,拌进鸡食盆里。<u>小鸡们早就口水横流,那一把灰灰菜还在铡刀下呢,就蜂拥过来,探头探脑,并趁着铡刀还未落下,蛇一样将脑袋倏然伸过来,扯下一小片叶子,便飞快朝墙角跑。</u>

④院子里有很多树,梧桐、杨树、枣树、桃树、香椿、臭椿。它们都在春天里抽枝展叶,向着深蓝的天空努力地生长。[A]父亲在两株梧桐树中间拉起一根手指粗的麻绳,给我做成秋千。[B]我常常

坐在上面，抬头望着空中飘来荡去的闲散的云朵。我记得每一朵云，即便它们从一团棉花，变成一头咆哮的狮子，又变成大片大片簇拥的雪。它们从未离开过我们的村庄，似乎这里是它们永恒的家园。坐在秋千上还未脱落乳牙的我也一直以为，自己是其中的一朵，一天天地成长，却永远不会离开这个小小的珍藏了我所有快乐的庭院。

⑤可是，爷爷奶奶一声令下，我们一家四口，从村子的南边，去往了村子的北边。

⑥我在新的庭院，一直长到十八岁，那里是牢牢扎入我生命深处的家园。我学会了辨识五谷，认识野花，观察大地与天空，感知四季。我常常坐在庭院里长久地仰头注视着天空，那里有飞鸟每天鸣叫着划过。

⑦父母在建房时随手植下的十几棵梧桐，跟我一起一天天地成长。春天，它们开出紫粉色的小喇叭状的花朵，拔下头上茶色的帽子，能吸出蜜一样的汁液。夏天，梧桐浓密阔大的叶子，像一把把遮挡着烈日的大伞。父亲在树下编筐，母亲缝补衣服，姐姐织发带，我则看书写作业。秋天，院子里每天都有树叶飘落，天空慢慢空旷起来，梧桐的枝干印在蓝色的天空上，成为疏朗的写意画。院子和平房上开始晾晒玉米、大豆和棉花，梧桐树上也被层层叠叠地捆绑上剥完了皮的玉米，站在平房上看下去，满院子的梧桐树都好似穿上了金黄色的新衣。左右邻居家的庭院里，也是同样的忙碌和拥挤。人们出出进进，并用高声叫骂来舒缓秋收带来的紧张与疲惫。而到了冬天，整个村庄都闲适下来。雪一场接一场地下，人们踩着雪咯吱咯吱地进出庭院。麻雀在白色的脚印里跳跃着，寻找秋天遗落的稻谷。有时候风吹过来，雪便扑簌簌地从梧桐的枝杈间飘落，钻入我的脖颈，凉飕飕的，倏然化掉。

⑧这样永恒不变的四季，一年年地在庭院里经过。除了新生的弟弟从攀爬学会了奔跑，除了我和姐姐慢慢地长高，又像花一样绽放，庭院里的一切都以亘古的姿态静默着。风吹过来，连一粒尘埃也不会带走。灶房里烧火的风箱，一直呼哧呼哧地为我们的一日三餐卖力。梧桐在一年年地增加着年轮，井边的桃树却生长缓慢，好像在时光里只顾着开花结果。

⑨我也忘记了生长，在梦里。即便很多年以后，我离开了小小的村庄，再也不曾回去，却一次次通过梦境，抵达储存了我整个童年的小小的庭院。在那里，桃花盛开，梧桐茂盛，鸟儿啁啾。我仰头，望向被树叶掩映着的深蓝的天空，像一个孩子，一次次望向永无尽头的远方。

（2019年江苏省扬州市树人学校中考语文第一次模拟试卷）

▶试 题

1. 下面两句话是原文第④段中的句子，正确的位置应该是_____在【A】处，_____在【B】处。（2分）

①于是，一个人在家里看着鸡牛羊的我，便不会觉得太过寂寞。

②于是光便不像冬天那样毫无遮拦地洒满整个庭院，而是细细碎碎的，并在风里摇来荡去。

2. 第③段画线句子主要运用了什么修辞手法？请简要分析其表达效果。（3分）

3.第⑤段独句成段,在内容上和结构上分别有什么作用?(4分)
_____
_____
_____

4.季节交替,梧桐变换着风景。请根据第⑦段内容,概括梧桐在不同季节里的情态。(6分)

春天,_____

夏天,_____

秋天,_____

冬天,雪从梧桐的枝杈间飘落

5.题目"家园"在文中有着丰富的内涵,请结合全文谈谈你的理解。(4分)
_____
_____
_____

一株金银木点燃了冬天

①一个寂寞的雪天,我从北京的地铁里走出,一脚踏进石景山路。夏天时遮天蔽日的高大白杨,被一场大雪洗去了铅华,此刻,在淡蓝的天空下,现出洁净素雅的美。枝头的树叶,在刚刚过去的风雪之夜,彻底放逐了自己。昔日枝蔓芜杂的树干,变得清瘦起来。天空便愈发地开阔空旷,仿佛这世间的隐秘与喧哗,全都消失不见——天空清洁为天空,大地回归为大地。

②大道两边的草坪上积满了雪,阳光穿过层层的枝杈,洒落在哪里,哪里便银光闪烁,散发出奇幻之美。雪松、柳杉、刺槐、白蜡、银杏、圆柏……一株株形态各异的树,在雪地上错落有致地静立着。被一场大雪过滤后的空气,氧气充足,让人迷醉。这清寂无边的午后,让人心里空荡荡、冷清清的,好像需要去哪儿寻找一簇火焰,点燃沉默却鼓荡的激情。

③然后,在一条巷子斜伸出来的拐角,我看到了那株正在燃烧着的绚烂的金银木。为了这惊鸿一瞥,它似乎等待了很久,蕴蓄了一整个夏天的激情。那时,它还是开满白色花朵的一株树木,在喧嚣的街头,安静地站在一排白杨的身后,投下无足轻重的影子。【甲】夏日的花朵太繁盛了,大家热烈地拥挤着,吵嚷着,在大地上争奇斗艳,又在半空中暗香浮动。在这场浩浩荡荡的绽放中,没有人会注意一株金银木,它的花朵并不张扬,黄白间杂的颜色被密密匝匝

的树叶遮掩着，会让人忘了这是一株正在开花的树。事实上，它只能被叫作灌木，它介于花草与树木之间。在街边的花园或者远郊的小树林里，金银木枝条纷乱，与高大的法桐、水杉或者松柏相比，缺乏动人心魄的力量；而跟小巧婀娜的花草相比，它们了无章法的散乱身姿，又不能唤醒人们内心的柔情。

④【乙】<u>每天，无数匆匆忙忙的上班族从这株金银木身旁经过，他们连看也不会看它一眼。</u>它漫溢的芳香，好似山间清浅的溪水，被城市巨大的轰鸣声淹没。夏天很快过去，迎来万物肃杀的秋冬，这株像樱桃树一样浑身挂满红色小灯笼的灌木，开始跳入人们的视野。秋风卷起满街的树叶，哗啦哗啦地在大道上奔跑，然而没有什么能打扰这株金银木的宁静。它绚烂夺目、晶莹剔透的红，在秋天高远的天空下静静闪烁，不张扬，也不卑怯。那一刻，它是天地间自由诗意无为的存在。

⑤风愈发地紧了。【丙】<u>风将硕果累累的秋天赶走，并将自己从一条紧贴地面的冰冷的青蛇，变成了席卷整个城市的呼啸的游龙。</u>风带走了酸枣、银杏、山楂、沙果、葡萄、板栗、毛榛，带走了一切坠向大地的果实，却让金银木的枝头，以愈发浓烈的红，在小巷与大道相交的拐角，火一样地燃烧。

⑥许多人走到这里，停下了脚步，被这雪后满树热烈的红色吸引。风在这个时刻，没有了声息，似乎是因为这一簇炫目的红。天空是清澈透明的蓝，空气中弥漫着清冽的干枯植物的气息，这气息来自顶着雪花的干草、沉睡的树木、沧桑的松柏、埋藏在雪下的红隼的羽毛、雨燕干燥的粪便，以及鸟雀热爱的金银木酸甜可口的果实。

⑦在寒冷的冬天，日日被觅食的鸟儿们环绕的金银木，并未现

出稀疏苍老的面容。它像傲雪的一束火，在洁白的草坪上不息地燃烧着。每一个路过的人看到这熊熊燃烧的火把，疲惫的脸都会被缀满枝头的小灯笼映红，而后漾出一抹微笑。就在这个时刻，人们忽然在心底发出一声声深情的呼唤，他们想称呼雪中的这一株金银木为母亲、爱人、姐姐、妹妹，甚至故乡。他们心底的许多情愫被这一簇火焰点燃了，仿佛一切奔波、劳碌，都有了崇高的意义。

⑧我驻足了片刻，确认已经将这一簇永不熄灭的火植入了心里，然后继续前行。

（选自《光明日报》）

（2021年北京市房山区中考语文二模试卷）

▶试 题

1. 文章先写作者在冬日清寂无边的午后，看到了一株金银木。然后写了金银木在不同季节的生长样态和带给人们的感受：夏天，①_____；秋日，挂满红色小灯笼，不张扬不卑怯，成为天地间自由诗意无为的存在；冬天，②_____。最后写这一簇永不熄灭的火植入了作者心里。（4分）

2. 本文在写金银木的同时，也不乏对其他植物、人，甚至是风的描写。请从三处画线句中任选一处，结合相关内容说说这样写的目的是什么。（2分）

答：_____

_____

3. 文学作品会对人产生潜移默化的影响。读了本文,你会把它推荐给下面的哪一位同学呢?请结合文章相关内容说明理由。(3分)

同学甲:性格张扬,做事浮躁。

同学乙:性格懦弱,极度自卑。

答:_____

_____

_____

与纯真相遇

①在眉山喧哗的人群里,我与吴青老师相遇。

②她已经80多岁了,双目却像孩子一样清澈和透明,似乎那里有一汪泉水,任谁站在她的面前,心底隐匿的虚浮都会被清晰地倒映出来。

③作为冰心的女儿,她有着特殊的身份,但她一直很认真地向人强调:我娘是我娘,我是我。因为冰心曾在山东生活过,吴青老师孩子一样撒娇地称呼母亲为娘,这让出生在山东的我,觉得温暖亲切,似乎我们曾经在一片土地上,一起生活过,沐浴过丰沛的雨水,浸染过草木的色泽,注视过同样的星空。那里还有《小橘灯》中散发出的微弱却坚定的光,将很多人脚下的路途,温柔地照亮。

④我娘告诉我,要做一个真的人,不能说假话。吴青老师这样一字一句地说。可是,很多人满嘴谎言,毫无底线,他们连一个真正的人、大写的人、堂堂正正的人,都不是!她的声音高亢响亮,有着让人内心震动的力量。我娘还告诉我,一个人要有爱,像繁体字里的爱一样,用一颗心去爱。

⑤<u>她的确是这样做的。</u>在人群里,她拄着拐杖,不让人搀扶,昂首挺胸,独自一个人慢慢行走。她总会立刻发现别人的虚伪,毫不留情地指出来。在葡萄园,讲解人员介绍,这里一直坚持绿色种

植，没有污染。她指着地上不知谁丢弃的矿泉水瓶、烟头、废纸，很认真地纠正道：小伙子，你不要说谎。说完她又费力地弯下腰去，捡拾那些垃圾。有人走过去，说：吴老师，我来帮您捡。她再一次孩子似的较真：你也不真诚，怎么是帮我捡？难道这是我一个人的责任？保护环境，是我们每一个人应尽的义务。那人红了脸，而更多的人则笑着看她，好像在看一只孤傲的野鹤，突然间降落在喧哗的鸡群，因为鸡群的热闹，而更凸显出她的孤独。

⑥一个人要走多久，才能穿越重重的迷雾，穿越无边的黑夜，成为一个真的人，一个即便被孤立依然内心单纯洁净的人？我看着人群中不停弯腰捡拾着垃圾的80多岁的老人，这样想。

⑦她有数不清的问题，而且打破砂锅问到底，像一个好奇的孩子。面对她诚挚的发问，讲解员不得不时时地停下，字斟句酌，给予回复。她问：为什么没有设置残障人员专用的洗手间？普通女工有没有产假？如果她们生病了，不能上班，会不会被扣薪水？她们每个月的收入，够不够生活？

⑧她已经80多岁了，可她说，依然有许多的知识，等待她永不停歇地学习。她会熟练地使用微信，加她，通过后，尽管对方知道她的名字，依然会收到她礼貌的回复：您好，我叫吴青。她如此注重细节，以至于每个被她注视的人，都会下意识地审视自己，并借助她的眼睛，照亮内心那些粗鄙的角落。

⑨在三苏祠，因为着急于一场朋友间的聚会，我离开队伍，赶去赴约。又因为匆忙，也或许内心根本缺乏对他人的关注，我竟忘了领队的嘱托，没有跟同车的人告知去向。所以当我接到吴青老师的微信通话，听到她着急地问我是不是走丢了，有没有找到大部队时，我立刻被深深的愧疚击中。我一连声地说着抱歉、对不起，我

\ 试卷上的作家

并非故意,我真的是给忘记了。但我还是能感觉到,这样的失误,在老人家人生的词典中,一定属于对别人的时间未曾给予尊重的错误。

⑩我为此惶恐不安,隔天在人群里见到她,我一脸羞愧地走过去,专门解释此事。她却笑着说:没事,也不是我特意要打电话给你,而是领队找不到你的联系方式,我恰好有你的微信,就试着拨打了一下。你只要没事就好,当时就怕你找不到队伍。

⑪不停地有人走过来,要跟吴青老师合影,我轻声道一句谢谢,就走入喧哗的人群。我听见她爽朗的笑声,穿越拥挤的大厅,弥漫至每一个角落。

⑫那笑声如此清澈、洁净,像溪水一样,将眉山小城的盛夏,一寸一寸地浸润。

(选自2021年8月26日《解放日报》)

(2022年山东省德州市临邑县中考语文模拟试卷)

▶ 试 题

1. 第②段中"任谁站在她的面前,心底隐匿的虚浮都会被清晰地倒映出来","心底隐匿的虚浮"在文中具体指哪些内容?(3分)

_____
_____

2. 联系上下文,品味下列语句,回答括号内的问题。(6分)

(1)那人红了脸,而更多的人则笑着看她,好像在看一只孤傲的野鹤,突然间降落在喧哗的鸡群,因为鸡群的热闹,而更凸显

出她的孤独。（赏析本句的表达效果）

_____

_____

（2）她如此注重细节，以至于每个被她注视的人，都会下意识地审视自己，并借助她的眼睛，照亮内心那些粗鄙的角落。（谈谈对加点字的理解）

_____

_____

3. 第③段内容是否可以删除？请说明理由。（3分）

_____

_____

4. 分析标题的作用。（3分）

_____

_____

5. 文末作者写道："那笑声如此清澈、洁净，像溪水一样，将眉山小城的盛夏，一寸一寸地浸润。"你是否也曾受到吴青老人那笑声的"浸润"，联系生活实际谈谈你的感受。（6分）

_____

_____

_____

_____

不想历经的那年夏天

①十几年前,高考还是在闷热的七月。

②考试前一天,一向严肃到让我惧怕的父亲,给我倒了一盆热水,让我烫烫脚,说明天走路舒服。我只好一边将脚伸进铁盆里,一边抓紧时间背几个英文单词。等我将一盆水泡凉的时候,一抬头,看到父亲正拿着一把大剪刀站在我的旁边,见我擦完了脚,他不由分说地就将我的一只脚放到他的膝盖上,笑着说我的脚指甲太长太硬了,不用大剪刀都剪不动。我第一次见父亲这样温柔,心底一软,眼泪在眼窝里打了一下转,还是给强行送了回去。

③家里静悄悄的,母亲怕来人打扰我睡觉,不到天黑,就将大门关上了。闹钟早已上好了弦,放在母亲的床头。事实上,那一晚母亲一夜没睡,时不时地起来,轻手轻脚地看一眼院子里的月亮,希望明天天气凉爽。半夜我醒来,看见母亲的影子映在窗户上,风吹过梧桐树叶,便将那夹杂在树影里的影子给晃乱了。隔壁房间里父亲的鼾声也出奇的轻,好像他根本不在那里一样。

④第二天,父亲早早地送我到了考点,看我进了校门才骑车离开。语文老师早已在那里等着了,照例将那些重复了千百次的话再说一遍。平素只觉得她婆婆妈妈,那天见了,却觉得特别心安。她甚至还走过来,帮我将折了的衣领弄平整,又拍拍我的肩膀,温和地说:"好好考。"同学之间见了也都彼此微笑一下作为鼓励。平

素不怎么说话的，这时也忽然间近了一层，好像大家不是去参加一次考试，而是要奔赴一个不知道能否活着回来的战场。

⑤第一场考完后，我跟同学刚刚走出校门，就看到父亲在一群家长里奋力地挥着手。我有些诧异，马上跑过去，问他怎么没有回家。父亲一边带我去跟前的小吃店，一边笑着说："还不是你妈，着急得一晚上没睡好觉不说，我回家后她又担心你中午吃不好，非得让我再骑车回来，带你吃顿饭。"说完了，父亲便很迅速地将小吃店里的碗盘拿过来，放在我和同学面前。同学起初愣了一下，然后趁父亲转身的工夫，悄声说："开始见你爸这么勤快，我还以为他是店里的服务员呢。"我笑笑，没说话，心里却酸酸的。

⑥三天的考试，飞快地结束了。考完那天，我站在教室里整理着这几年堆积如山的试卷书报，然后一边看着校园里卷着铺盖卷准备回家的神态各异的毕业生，一边豪气干云地对同学说："等着吧，不出几天，我一定能金榜题名！"同学揽着我的肩，一本正经道："苟富贵，勿相忘！"说完了，两个人便哈哈大笑起来。

⑦似乎也没有什么惊心动魄的故事发生在那个炎热的七月。可是，那年夏天我走过在当时被称为"独木桥"的高考，从乡村单枪匹马闯荡到城市定居，与我在乡下早早嫁人生子的姐姐，有了截然不同的人生。我再也不想重新经历那背水一战的时光，但它们早已在我的一生中烙下深深的印痕。

（选自《读者》，有删改）

（2018年富春中学中考模拟语文试卷）

▶ 试 题

1. 那年夏天父母为"我"参加高考做了哪几件事情？请简要概括。（4分）

2. 分析下列句子中加点词语所反映的人物心理。（4分）

（1）我第一次见父亲这样温柔，心底一软，眼泪在眼窝里打了一下转，还是给强行送了回去。

（2）我笑笑，没说话，心里却酸酸的。

3. 第⑥段写"我"与同学之间的对话，有什么作用？联系全文简要分析。（3分）

4. 为什么那年夏天在"我"的一生中烙下深深的印痕，"我"却再也不想重新经历？你是如何看待自己生活中刻骨铭心的经历的？（5分）

试卷作家
美文赏练

流浪的野草

❀ 心灵寄语

> 那些年少的时光里,我们曾像一株野草,疯狂地生长,肆意地叛逆。

春天,只落下一场雨,地里的草就长疯了,总也挖不完。

父母在田地里弯成了一张弓,不停地挖着草。玉米已经没过人的大腿,于是那把锄头便像是满蓄力量、随时准备射向深蓝色天空的利箭。我总怀疑泥土是聚宝盆,上面可以生生不息地孕育着庄稼和野草。在肥沃的土地上,野草和庄稼几乎像是在进行一场生命的争夺战,你拥我挤,疯狂蔓延。马蜂菜、苋菜、灰灰菜,是野草中的蚂蚁,以庞大的数量占据田间地头,多少锄头都锄不干净。好在它们是牛羊猪们的最爱,就是人,也喜欢吃马蜂菜饺子,喝苋菜糊豆粥,嚼灰灰菜窝窝头,它们也还算有用,所以人在锄地的时候并不会因为它们抢占了庄稼的肥料而心生怨恨。但是像牛筋草之类的顽固"狗皮膏药",人就会除之而后快了。牛筋草的根基极其牢固,即便在没有营养的沙土路上,它们也能牢牢地将根基朝地下扎去,什么都不能阻碍它们无穷的力量。若想拔掉它们,单用手需要耗费很大力气,它们长得五短身材,怕是你拽着草茎，一屁股累倒在地上，也损伤不了它们丝毫，所以必须用锄头朝地下深挖狠刨，才能真正斩草除根。

但牛筋草是除不净的，它们即便在人烟稀少的荒芜之地也能强劲地生长。如果无人管理，庄稼和牛筋草之间爆发大战，牛筋草肯定是赢定了的。不等庄稼从泥土里吸取养分，牛筋草就用发达的根系抢先一步将肥料掠夺干净。沙石路上什么肥料也没有，人们还推着板车轧来轧去，但照例不影响牛筋草在其上横行霸道。我看到它们短而粗的茎叶，铺展在大地上，总想起千万个短腿的巨人。

不过牛筋草终究没有苍耳和蒺藜更惹人烦。它们完全无用也就罢了，还时不时给人手脚带来伤痕。某些爱恶作剧的小男孩最喜欢摘下一把苍耳，哗一下甩到女孩子头上去。于是，等到头上所有的苍耳被小心翼翼地摘下来时，可怜的女孩也基本变成了一个头发蓬乱的小疯子。蒺藜也暗藏杀机，若是人在拔草的时候一不小心抓了下去，手上定会伤痕累累；羊在沟里钻来钻去，出来的时候，满身都是苍耳。秋天里，苍耳就靠着人和牲畜，从一个地方流浪到另外一个地方，而后落地生根，传宗接代。或许，一枚苍耳行过的路途比一个村庄里老死的人都更遥远。一株蒺藜的内心世界一定比人类还要脆弱，所以才需要浑身长满了针刺，借此保护自己。

我不喜欢这些外表坚硬的野草。我在拔灰灰菜的间隙，更愿意摘下一朵又一朵的蒲公英，借着风的方向，将它们吹出去。蒲公英会跟着风飞得很远很远，一直到我不能想象的远方，我想那一定是世界的尽头。我甚至希望自己也变成一朵蒲公英，带着小小的希望的种子，飞往理想的梦幻之地。有那样一个瞬间，我还羡慕村里即将出嫁的燕麦，我想她能很快借助结婚走出小小的村庄，去看一眼外面的世界，尽管她的后半生或许永远走不出新的村庄。可是，我还要一年一年地在村庄里待下去，也不知什么时候才能离开我从未爱过的村庄。我当然做不成鸟儿，那么还是做一株蒲公英吧，只要有风，就能飞上天空，注视这片贫瘠的大地。一直飞，一直飞，总有那么一片沃土，花儿遍地，树木茂密，溪水淙淙，于是我便停下脚步，落地生根。

我不止一次地注意过，燕麦在高高的坡上，像一株柔弱的树苗站在风里，注视着我们的村庄。有时，她也会背转过身去，朝着远方眺望。我猜，那里是她即将前往的地方。远方有什么呢，除了大片大片的田地，或者蜿蜒曲折的河流，我完全想象不出。而想到燕麦通过嫁人就能够抵达神秘辽阔的远方，我就恨自己长得太慢。我真希望一夜睡醒，就跟燕麦一样，有着秀美的身材、明亮的额头和闪烁的双眸。我要跟着她去远方看一看，就像一枚苍耳在秋天落到人的身上，并跟着他走遍苍茫的田野。而那束我在日间采摘下的蒲公英，等不及我追赶上远嫁他乡的燕麦，就已经枯萎掉了。

我像一株根茎发达的野草，匍匐在大地上。我闭上眼睛，感觉大地的深处正有千万株蒲公英在疯狂地向上生长、怒放、成熟，而后汇聚成一朵巨大的降落伞，带着我，飞上天空。

我在浩渺的苍穹下，听见空灵的歌声，流淌过整个的大地。

那是燕麦的歌声。

精彩赏析

　　本文先写了作者对野草的讨厌——它们疯长，总也挖不完，同庄稼抢土地，让人在锄地时心生怨恨，然后还列举了三种无用且惹人烦的野草，以上的这些描写都是铺垫，为了引出下文的内容。作者写到喜欢蒲公英，因为"蒲公英会跟着风飞得很远很远，一直到我不能想象的远方"，作者希望自己也能像蒲公英一样会飞，这样就能去看看外面的世界，其实蒲公英也是作者情感的寄托。

风越过辽阔的大地

● 心灵寄语

夜晚的风孤独地吹过村庄，吹散了村庄的一切。

天一黑下来，风就被关在了房间之外。我在窗前的灯下，做着无休无止的模拟试卷。

院子里有搪瓷盆碰到水泥台子的声音，那是母亲在洗手。她刚刚给牛铡完睡前的最后一次草，并将刷锅水倒入猪盆里，用力地搅拌着猪食。我透过窗户，看到手电筒清冷的光里，母亲正将一盆冒着热气的猪食，哗哗倒入槽中。她的一缕头发被秋天的冷风不停地吹着，好像墙头上一株摇摆的草。墙角的虫子要隔上许久才会在风里发出一两声低低的鸣叫，那叫声有些冷清，是一场热闹过后孤独的自言自语。

在父亲将自行车推进房间里来，弟弟也将尿罐端到床前的时候，院子里终于安静下来。整个村庄里只剩了风的声音。风从一条巷子，穿入另一条巷子，犹如一条冷飕飕的蛇。巷子里黑漆漆的，但风不需要眼睛，就能准确地从这家门洞里进去，越过低矮的土墙，再进入另外一个人家的窗户。巷子是瘦长的，门是紧闭的，窗户也关得严严的,于是风只能孤单地在黑夜里穿行,掀掀这家的锅盖,翻翻那家的鸡窝,躺在床上尚未睡着的人便会偶尔听到院子里发出的一声奇怪的声响,像是有人翻墙而入。但随即那声响便消失不见,人等了好久,只听见风在庭院里穿梭,将玉米秸秆吹得扑簌簌地响,也便放下心来,拉过被子蒙在头上,呼呼睡去。

当整个村庄的人都睡了,风还在大街小巷上游荡。那时候的风,一定是孤独的。从巷子里钻出的风遇到从大道上来的风,它们会不会说些什么呢?聊一聊它们曾经进入的某一户人家里,男人女人在暗夜中发生的争吵,或者老人与孩子低低的哭泣,或者一条瘦弱的老狗蜷缩在门口的水泥地上,有气无力地喘息。

夜晚的风一定比白天的风更为孤独。它们不再愤怒地撕扯什么,因为没有人会关注这样的表演。于是它们便成了游走在村庄夜色中的梦游者,被梦境牵引着,沿着村庄的街巷,面无表情地游走。

我终于在昏黄的灯下,做完了试卷。那时,所有的星星都隐匿了,夜空中只有一轮被风吹瘦了的月亮,细细地、摇摇晃晃地悬挂在村庄的上空,好像瞌睡人的眼睛。月亮看到了什么呢?它一定洞穿了整个村庄的秘密,知道谁家的孩子比我还要用功地半夜苦读。它在高高的夜空上,被秋天的风一直吹着,会不会觉得冷呢?没有人会给月亮盖一床棉被,当然,也没有人会给我盖。父母已经沉沉地睡去,临睡前被训斥一顿的弟弟大约在做一个美好的梦,竟然笑了起来。那笑声如此短促,像一滴露珠,倏然从梦中滑落。而要早起到镇上做工的姐姐,也已起了轻微的鼾声。她用被子裹住了全身,不给我留一点进入的缝隙。清幽的月光透过窗户照在褪色的被子上,一切都是旧的,床、柜子、桌子、椅子、箩筐。一切也都是凉的。

我在上床前,去院子里上了睡前的最后一次厕所。风从后背冷飕飕地爬上来,并一次次掀动着我的衣领。我的影子被窗口射出的灯光拉得很长,长到快要落进鸡窝里去了。我怯怯地看着那团灰黑的影子,在地上飘来荡去,觉得它好像从我的身体里分离出来,变成暗黑中一个恐怖的鬼魂。风很合时宜地发出一阵阵诡异的呼啸声,树叶也在扑簌簌地响着。一只鸡忽然间惊叫起来,一个黑影倏然从鸡窝旁逃窜。那是一只夜半觅食的黄鼠狼,它大约被我给吓住了,很快消失在黑暗之中,只剩下同样受了惊吓的一窝鸡蹲在架子上瑟瑟发抖。我的心咚咚跳着,趿拉着鞋子,迅速地闪进门里,并将黑暗中的一切都用插销紧紧地插在了门外。

我浑身起了鸡皮疙瘩,也不知是吓的,还是冻的。我很快钻入了被窝,又下意识地靠近姐姐温热的身体,但睡梦中的姐姐厌烦地踹我一脚,翻了一下身,继续睡去。我的屁股有些疼,却又不知该向谁倾诉这深夜里的疼痛,只能自己孤独地揉着,而后蒙了头,闭眼睡去。

窗外的风,正越过辽阔的大地,包围了整个的村庄。

精彩赏析

文章题目"风越过辽阔的大地"中的"风"既是故事发生的氛围,也是文章的叙事线索,贯穿全文;"辽阔的大地"是故事发生的环境,表现了作者对往事的追忆。这个题目给我们留下了想象的空间。作者按照时间顺序讲述了这个有风的夜晚,文中所描述的一切都是在风中发生的,而孤独的风吹过村里的大街小巷,见证着村里人的喜怒哀乐。这篇文章是对往昔生活的回忆。

追风的少年

 心灵寄语

> 生命是一场分别，拥有时要珍惜。

午饭过后，父亲将半袋麦子放在二八自行车后座上。弟弟兴奋地围过来看，又隔着尼龙袋子将麦粒捏得咯吱作响，好像即将去上学的是他，而不是我。

"我要去送姐姐！"弟弟向父亲请示。

"那就送你姐到公路口吧。"

"我可驮不动你。"我抗议道。

"那我就跑着！我要跟洋车赛跑！我还要跟风赛跑！"弟弟的胸脯高高地挺着，一副自信满满能超越风的样子。

我只好用沉默表达同意。

弟弟立刻化成一股风，将我的书包从房间里提出来，他还装了一个大大的烧饼，于是书包便鼓鼓囊囊的，丑了几分。我看了心烦，将烧饼掏出来，气呼呼地扔回房间里去。弟弟却依旧笑嘻嘻的。看我出来推动车子，他便瞬间飞奔至大门口，又忽然停住脚步，回头注视我推着车子，摇摇晃晃地向他走去。

\ 试卷上的作家

　　我想甩掉弟弟,便在走出巷口后,趁他不注意,跳上自行车奋力蹬了起来。风有些大,又是顶风,所以我的计划执行起来便有些吃力。但我硬起心肠,不打算回头去看弟弟。我只听见他跟在我的车子后快乐地奔跑着,嘴里还发出"啊啊啊"的喊叫声。风在耳边"呼呼"地响着,风也一定在奋力向后扯拽着弟弟的双脚。我听见弟弟"呼哧呼哧"地喘着粗气,他的脸一定也是红红的吧,我想。我能感觉到他在车后几米的位置,却始终追赶不上。但他越来越近的喘息声,却又告诉我,他一定可以将我追上的。于是,我又故意加快了蹬车的速度,但风也跟我较劲一般,把我用力地向后拖拽着。车子摇摇晃晃,半袋麦子眼看要坠落下去,我有些泄气,恨不能跳下来,自己扛起麦子走人,将一堆废铁留给讨人嫌的弟弟。可是我又不想在他面前丢掉最后的颜面,便硬撑着,低头弯腰费力地蹬着车,好像那个倒霉的骆驼祥子。

　　忽然之间,车子变得轻了起来,犹如生了翼翅一般。我几乎想要高声歌唱,并放慢车速,怡然自得地欣赏一下风吹过秋天大地的美,或者深情地嗅一嗅泥土里散发出的成熟谷物的芳香。至于那个总是流着长长鼻涕的脏兮兮的弟弟,我才懒得理他。最好他化作一阵风,从我的面前彻底地消失掉。

　　可是没有,他依然在后面撒欢地奔跑着。只是,他在推着后车架奔跑。我低头,看到他的双脚,如小马驹一样欢快地跳跃着,脚上的布鞋照例顶出一个洞来,看得见倔强的大脚趾笑嘻嘻地探出头来。风将他包围着,但他有的是乘风破浪的力量。我觉得身后的弟弟变成了一尾鱼,于波涛之中,奋力地向前。风一次次将他推回到岸边,他又一次次执拗地跃入汪洋之中。他甚至对这样的游戏乐此不疲,并大声呼喊,表达他内心的快乐。

姐姐，我们一起跟风比赛吧！

但他并不等我的回复，便跳到车子的前面去。这次，我看到了他奔跑的样子，瘦瘦的，两条小腿，在裤管里荡来荡去，好像那里是两股无形的风。后背与前胸上的衣服，快要贴到一起了。我觉得弟弟又从鱼变成了纸片人，或者一只柔弱的蝴蝶，一阵小小的风都能将他从这个村庄里吹走。可是他却丝毫不觉得自己的弱小和卑微，他的内心里涌动着强大的力量，这力量大到不仅仅可以对抗那一刻的风，还能对抗整个的世界。

是的，那一小段路，他追赶的不是我，也不是风，他在追赶他自己，一个被我嫌弃的小小的自己。

他就那样在我的前面跑啊跑，跑啊跑。有那么一刻，我甚至希望这条乡间的小路，永远都不要有尽头，就像这个世界上的风，也永无休止一样。我跟着他，奔跑到哪里去呢？我不知道。我也不关心。我只想这样注视着他瘦小的背影，倾听着他清晰的呼哧呼哧的喘息声，就像我们是在一条时光隧道里无休无止地奔跑，而这条隧道的尽头则是成年之后不复昔日亲密的我们。

风果然在很多年后将我和弟弟像蒲公英一样吹散了。我跟随着风，去往北方以北，那里是所有风的源头。无数股风，犹如千军万马，从沙漠、草原、戈壁一起出发，向着无尽的南方奔去。当我站在荒凉的戈壁滩上，看到沙蓬被大风裹挟着，漫山遍野地流浪，什么东西将它们拦住，它们就停留下来，将种子播撒在那里。一株沙蓬草，究竟能走多远呢？当它们的双脚被石块、泥土、沙蒿、柠条或者大树牵绊住的时候，它们心底浮起的究竟是宿命一样的悲伤，还是终于寻到归宿的欢喜？有谁会关心一株沙蓬一生颠沛流离的命运呢？它们没有双脚，却借助风在北方大地上游荡。如果幸运，一株沙蓬会遇到湿润的泥土，生儿育女，繁衍不息；而后将它们的流浪精神，完美地复制给后代。于是秋天一来，沙蓬这一大地上的浪漫种族便跟随着风，开始了一场大规模的迁徙。它们穿过山野、戈壁、荒原，越过黄河、沙漠、村庄。它们一定比一个人漫长的一生历经过更多的风景。它们看到过一头牛行走在草原，一个人赶着马车孤独前行，一个鸟巢在半空中摇摇欲坠，一株树被雷劈开，死在荒野。它们在风里互相追逐、奔走的时候，一株沙蓬会不会和另外的一株说一会儿话？会不会像我和弟弟，在村庄大道上一前一后地飞驰，互不言语？如果某一天它们走丢了，是不是永远不会再有相见的日期？爬山调里唱"我是一棵沙蓬草，哪搭挂住哪搭好"，这歌声里蕴蓄了怎样一种对于命运的顺遂与无奈啊！

当我在蒙古高原上写下这些文字，又想起很多个孤独的午后，我和弟弟站在风里看天上的云。风最终将那些形形色色的云全部带走，不留印痕。风也带走了村庄里许多的人，他们或者寂寞地死去，或者沙蓬一样流浪进城市。风最终将一个老去的村庄丢给了我。

而这时，如果我回到村庄，蹲在墙根下，眯起眼睛，晒晒太阳，我一定又可以听到风的声音。那声音自荒凉的塞外吹来，抵达这堵墙的时候，已经是春天。风暖洋洋的，在我耳边温柔地说着什么。去年的玉米秸秆在风里扑簌簌地响着，它们已经响干响干的，一点火花都可以让它们瞬间呼隆呼隆地燃烧起来。空气中有一种甜蜜、好闻又热烈的味道，那味道似乎来自遥远的童年，在我还是一个孩子的时候。那时，我依偎在母亲的怀里，小猪一样拱啊拱，拱啊拱，最终，我寻到了世间最幸福的源头——母亲的乳房。

那一刻，风停下来。

整个的世界，都是我的。

精彩赏析

本文中的风有两种含义,一种是自然界中的风,另一种是追求理想的动力。作者从小时候弟弟迎风奔跑写起,虽然有风的阻力,但是弟弟开心地奋力奔跑,还要和风比赛,表现了少年的活力、冲劲。长大后,作者和弟弟就像蒲公英一样吹散了,远离家乡,表达了对村庄的怀念。对过往时光的追忆,衬托了作者对当下生活的感受,也表达了作者对生命成长过程的认知。

一条河与一个村庄

● 心灵寄语

> 总会相逢的，就像河流与村庄。

一条河要走多远，才能抵达一个遥远的村庄呢？会像一个人的一生那样长吗？或者像一株树，历经成百上千年，依然向着它未能抵达的天空茂密地生长。再或是从大地的深处、从某个神秘的山谷里流溢而出，又穿越无数个村庄，途经无数的森林，才成了某一个村庄里的某一条河流。或许，一条河与一个村庄是上天注定的爱人，它们未曾相见，却早已相恋，于是便用尽了平生的力气，去完成这一场浪漫的相遇。

不知来自何处的沙河，就是这样爱上我们村庄的吧？没有人知道沙河来自何处，又流向哪里。村庄里最年长的人也只能模糊地说出沙河所流经的村庄，除了我们的孟庄，还有邻近的张庄、李庄，或者王庄。这些村庄的名字，如此平淡、朴质。如果我可以飞到天空上去，俯视这一片被沙河穿行过的大地，一定会看到那些大大小小的村庄有着几乎千篇一律的容貌。它们被一块一块整齐划一的农田安静地包裹着，像是一只只蹲踞在地上悠闲吃草的黄牛。

那一栋栋紧靠在一起的房子里有袅袅炊烟升起，是这些有着浓郁烟火气息的炊烟让大地上面目模糊的村庄变得灵动起来，不仅有了生机，还有了温度和一抹让人眷恋的柔情。而那条从未知的远方浩荡而至的河流，或许在每一个村庄都有一个不同的名字。人们将它流经的那一段当成自己村庄的一个部分，至于这一条河流在另外的一些村庄，或者旷野和荒原上有怎样的故事，又历经怎样的曲折，都无关紧要。在时间的汪洋中，它们最终化为人们口中的传奇。

就像环绕着我们村庄的沙河，只是因为河底的沙子太多，冬天断流后会裸露出全是黄沙的河床，便被扛着锄头经过的某个老人很自然地称之为"沙河"。生老病死，悲欢离合，日日在沙河的两岸上演。不过是隔着一条不太宽阔的沙河，站在自家的平房上，甚至能够看到娘家屋檐上停落的两只鸽子，或者一排飘摇的茅草。黄昏，暮色四合，还有女人沿街呼唤孩子回家吃饭。那孩子或许就是本家的侄子，出嫁的时候还曾给她抱过鸡的；她还记得他怀里的公鸡很是不安，又受了惊吓，着急中拉下一泡热气腾腾的鸡屎。但对于女人来说，沙河依然像银河一样，将她与做女儿时的幸福时光面无表情地切割开来。除非逢年过节，因为忙碌自家的琐碎与生计，村里的女人们很少会跨过河去，到娘家去空手走上一圈。回娘家，那意味着需要郑重其事地提一包不显寒酸的礼物和一箩筐准备好的漂亮话，才能跨进家门。否则，那将会给以后的交往带来揪扯不清的烦恼。那些烦恼像盖了多年的棉被，里子上起了毛球，在冬天的夜里摩擦着粗糙的肌肤，让人辗转反侧，无法入眠。

而等到了夏天，沙河里的水每天都在哗啦哗啦地流淌。如果闭上眼睛，会以为那是风吹过树林发出的响声。正午，河的两岸静悄悄的，一个人也没有，就连知了也暂时停止了鸣叫，躲到树叶里小憩。对岸有一只老狗，蹲踞在高处的土坡上，不声不响地俯视着河水缓慢向前。河的中央有一两片被虫子啃噬得千疮百孔的梧桐树叶正打着旋，时而亲密地缠绕在一起，时而被冲刷到两岸，并被丛生的杂草拦住，无法浮动。鱼儿在清澈的河底欢畅地游来游去，它们从不会像落叶一样飘向远方，它们贪恋这一方水土，好像这里是它们永久的家园。

黄昏的时候，所有的晚霞都落进了河里。于是河水便红得似火，好像正在燃烧着的天空。整条河都动荡起来，似乎有什么隐秘的故事即将发生。一只鹰隼，尖叫着划过被晚霞铺满的天空；一列大雁，排着长队浩荡地穿过村庄；一切声息，都在黄昏中下落，沉淀。大地即将被无边的黑色幕布悄无声息地罩住。

静寂中，沙河的水声从地表的深处向半空中浮动。那声音越来越大，越来越大，直至最后，风吹过来，整个的村庄里只听得见一条河流自遥远的天地间喷涌而出，而后沿着广袤的田野不息地流淌，向前，并掩盖了尘世间所有的悲欢。

河流的两岸，女人找寻孩子回家的呼唤，一声一声，又响起来了。

精彩赏析

本文以问句引出话题,激发读者的阅读兴趣。文中使用多种描写方法加强文章的表达效果,如运用拟人的修辞手法,形象地表达对沙河、村庄的情感;运用比喻的修辞手法,生动地写出了村庄被农田环绕的情景,一派恬静安然,流露出作者对村庄的深情。作者笔下的沙河像一缕缕丝线,将村庄与村庄相连,也将游子与村庄相连。无论何时何地,它们都是游子们永恒的精神家园。

飞 鸟

🌸 **心灵寄语**

布谷鸟，大地的精灵，在清澈透亮的田间歌唱。

在所有的鸟叫声里，我最喜欢布谷鸟的声音。

那能穿越无数个村庄的"布谷布谷"的歌唱，好像来自永远无人能够抵达的茂密的森林，那里道路险峻，野兽出没，群鸟翱翔。它们是大地上的精灵，只需一声辽远的呼唤，就将万物瞬间推进热烈的夏天。村庄里对农事再愚钝的人，听见布谷鸟从大地深处穿越而来的叫声，都会下意识地抬头，看看云蒸霞蔚的天空，自言自语地说一句："麦收就要到了。"

但我不关心麦收，那是大人们的事。我只想寻找一只布谷鸟。它的叫声让我在春天里觉得忧伤。它究竟在呼唤什么呢？一声一声，那么执拗，好像它生在这个世间的所有使命，就是为了追寻一些什么。

大路的两边是粗壮的杨树，也不知是什么年月种下的，一棵紧挨着一棵，枝叶相触在云里，形成两堵绿色的墙。风吹过来，墙便涌动起来，发出哗啦哗啦的声响，像有千万只手，抚过静寂的江河。

如果我变成一条小小的蚯蚓，一头扎进大地的深处，一定还可以看到这两排高大挺拔的杨树的根。它们遒劲有力的根，正热烈缠绕在一起，用力地从泥土里吸取着浓郁的汁液。这是地下暗涌的河流，沉默无声，却又浩浩荡荡。在更高的风起云涌的地方，正有布谷鸟苍凉的鸣叫从巨大的虚空中一声声传来。

到底有多少只布谷鸟，在村庄里啼叫呢？我数不清。但我总是固执地认为，所有的叫声，都来自同一只布谷鸟。每年的春天，它都从遥远的南方，飞越几千里，抵达我们的村庄，只为催熟铺天盖地的麦浪。而一旦使命完成，它就消失不见。没有人知道它们去往何处，就像无人知晓它们来自何方。

我发誓要找到那一只布谷鸟，问问它究竟来自何处？为何每年的春天都要飞到我们的村庄，站在我从来都追寻不到的地方，悲伤地鸣叫，好像它曾经在这里，丢掉了自己的魂灵。

我于是一直走一直走，穿越疯狂拔节的无边无际的麦田。最后，我走到了与邻村交界的河边。那条河叫沙河，每年的秋冬时节，它都会枯萎断流，裸露出河床，于是惨白的太阳下遍地都是孤寂的沙子。我不知沙河从哪里来，又最终抵达何处。反正很久很久以前，它就环绕住了村庄，成为所有小孩子捡来的地方。

我问母亲："娘，我从哪儿来？"

"从沙河里捡来的。"母亲顶着满头的豆秸碎屑，漫不经心地回复我。

弟弟也问："那么我呢？"

"当然也是从沙河里捡来的。"母亲拍打拍打围裙上的白面，随口应付弟弟。

姐姐朝锅底下撒了一把棉花秸，不屑一顾地"哼"了一声。

她已经十六岁了，不懂得死，却朦胧地知道了生。她从骨子里瞧不起我和弟弟，就像我从骨子里，对一字不识的弟弟，也充满了鄙夷。

这是春天，大地早已解冻，河水在阳光下闪烁着耀眼的光泽。那里一定漂浮着晶莹的冰粒，从冬天历经漫长的跋涉，依然没有融化的冰粒。因为当我蹲下身去，将手浸入河中，我立刻感觉到沁骨的凉。那是来自源头的凉。我想，如果我能一直逆河流而上，一定可以寻到一个了无人烟的地方。在那里，村庄停止了脚步，炊烟灭绝了印记，一切声音都消失不见。无边的河流，正从神秘的山谷里喷涌而出。而在山谷的上空，我会看到那只穿越无数的时空最终抵达我们村庄的布谷鸟。

可是，我却停在邻村的对岸，再也没有向前。

那时，黄昏已经降临，田野里吃草的牛，正哞哞地呼唤着孩子跟它一起回家。村庄被夕阳环拥着，宛若襁褓中天真微笑的婴儿，向世界袒露毫无保留的纯真。邻村的街巷上，女人们正在穿梭来往，寻找着一天没有着家的儿子，或者男人。一群鸭子拍打着湿漉漉的翅膀，排队走上岸边。河水缓慢下来，大约奔波了一天，它们也觉得累了，需要安静地休息一晚，才能在黎明的微光中继续奔腾向前。

而那只鸣叫了一天的布谷鸟，始终没有出现。

精彩赏析

"布谷布谷"的叫声出现时，便意味着"麦收就要到了"。这是布谷鸟的使命——给人类报信，也是给村庄里的人带来可以收获的喜悦之声，一个听了让人心生自豪、心生愉悦的声音。可对"我"来说，"我不关心麦收"，"我"关心的是布谷鸟叫声来自哪里，布谷鸟来自哪里。"我"满村去寻找，但得到的都是失望。本文深刻反思了人与自然的关系，人们忙碌于生活的物质追求，却忽略布谷鸟所代表的自然世界。

雪落人间

● 心灵寄语

> 雪掩盖了世间的荒芜，孕育着春天的到来。

　　雪没完没了地下，一场接着一场。好像这个冬天，雪对大地的思念，从未有过休止。

　　大道上人烟稀少。似乎一场大雪过后，村子里的人全都消失了。空中弥漫着清冷的气息，一切都被冰封在了厚厚的雪中，连同昔日那些打情骂俏的男人和女人。阳光静静地洒在屋顶上、光秃的树杈上、瑟瑟发抖的玉米秸上、低矮的土墙上，再或灰色的窗台上。因为有雪，这些灰扑扑的事物便看上去闪烁着晶莹的光泽。于是村庄便不再是过去鸡飞狗跳的样子，转而覆上一层童话般的梦幻。走在路上的人都是小心翼翼的，似乎雪的下面藏着另外一个神秘的世界。有时候人打开门，看到满院子的雪，会有些犹豫，要不要踏上去，将这画一样的庭院给破坏掉。

　　整个的村庄，于是封存在这样的静寂之中。隔着结了冰花的玻璃，朝窗外看的每一个人的眼睛里都充满了孩子一样的好奇，似乎这个村庄不再是昔日他们习以为常的热气腾腾的居所，那些爱闲言碎语的人也变得温情脉脉起来。房间里熊熊燃烧着的火炉周围，是一家老小。知道这时候吵架没有多少人围观，男人和女人们也就偃旗息鼓，将所有的烦恼，都化作一块块乌黑发亮的煤，投进轰隆作响的炉膛里。那里正有一辆漫长的火车，从地心的深处咣当咣当地驶来。它发出的声音在寂静的夜里如此巨大无边，以至于依然在困顿的生活中受着煎熬的人们将手烤在红通通的火焰之上。忽然间他们就忘记了这个世间所有的苦痛。

  昆虫全都蛰伏在泥土之下。厚厚的积雪覆盖着泥土，这个时候，如果谁能将整个大地用巨大的斧凿挖开，一定会看到密密麻麻的昆虫，比如蚂蚁、苍蝇、蚊子、金蝉、蚕蛹等，全都沉寂在深深的睡梦之中，没有什么力量能够将它们唤醒。它们犹如死亡般的身体里依然积蓄着生存的浩荡力量。除了春天，没有什么能够打扰一只虫子的冬眠。它们隐匿在这场弥漫了一整个冬天的大雪之中，不关心人类的一切。

  被人类遗忘掉的，还有农田、果园。如果没有炊烟从高高的屋顶上方的烟囱里徐徐地飘出，大雪中的村庄就是一个被世界封存的角落。人类蜷缩在棉被里，犹如昆虫蜷缩在泥土之中。最好，这一觉睡去，一直到春天才会苏醒。可是，这只能是人类的理想。袅袅飘出的炊烟将村庄的日常琐碎缓缓揭开了一角，一切都像瓦片上因为热气而融化的雪，沿着房檐，滴答滴答地落下。而那些缓慢的、没有来得及落下的，便成为透明的冰溜，整齐地挂在屋檐下，给仰头看它的孩子，平添一份单纯的喜乐。

  最初的时候，雪每天都安安静静地飘着。人们穿着棉袄，在雪里慢慢走着，并不觉得那雪落在脸上，或者钻入领子里有多么地凉。脚下咯吱咯吱的响声听起来倒像是傍晚寺庙里的钟声，一下一下地将人的思绪拉得很远。小孩子在斜坡上嗖嗖地滑着玩，倒地时屁股摔得嘶嘶地疼，都不觉得有什么。揉一揉红肿的手心，继续吸着长长的鼻涕虫，乐此不疲地上上下下。女人们到人家去串门，走到门口，总是很有礼貌地跺一跺脚上的雪，这才漾着一脸笑，推开被炉火烤得暖烘烘的厚重的门，向人寒暄问好。

　　但腊月一到，雪再飘起来，就像带了一把把锋利的刀片，于是小孩子细皮嫩肉的手就成了冻萝卜，还是红心的。脸蛋自然也如抹了胭脂一样，红通通的。一觉醒来，露在棉被外面的耳朵常常也冻得胖大了一圈。这时女人们再让小孩子去庭院里跑跑腿，做点诸如喂鸡喂鸭的活计，他们没准就哼哼唧唧起来。当然，哼唧完了还是该干的就干，否则爹娘一个铁板烧过来，不比雪刀子差上多少。

　　这时，老人们的喘息声也缓慢下来。似乎那些气息都留在了秋天收割完毕的田地里，并跟着麦子和蚯蚓一起，被这一场场没完没了的雪埋在了冰封的地下。

　　日子过得飞快，一眨眼，全村便笼罩在一股热烈的过年的气氛之中。杀猪宰羊，裁剪新衣，置办年货。大道上的雪便因此凌乱起来，满是歪七扭八的脚印。男人和女人们像忙一件天底下最重要的事情一样，在认真地忙着年。就连我们小孩子，也在街巷中奔跑着瞎忙，似乎，奔跑也是年的一个部分。

　　就这样，雪带着人们，一直跑，一直跑，最终抵达大人和孩子们数着手指盼望着的这天。在这天，世间的一切都是新的，琐碎的生活在白色的背景上缓慢地流淌。鸡在打鸣，鸭在踱步，狗在雪地上追逐着鸟雀，干枯的树枝将影子投射在低矮的泥墙上。

　　这是一年中的第一天，与过去无数个时日，似乎并未有多少区别的一天。

　　但，它是降落在人间的婴儿。如此响亮，又那样洁白。

精彩赏析

大雪无痕，周天寒彻，被大雪覆盖的每一种生命都在勇敢地活着，"它们犹如死亡般的身体里依然积蓄着生存的浩荡力量"。它们顽强地生存着，永不放弃，等待着春天的到来。作者从多角度进行描写，形象生动而富有层次地写出雪落人间的美，同时将视觉、听觉、触觉相结合，如听觉的"滴答滴答""咯吱咯吱""嗖嗖""哼哼唧唧"，用这些声响反衬雪天的寂静。

腊条人家

🌸 **心灵寄语**

> 对故乡的记忆和怀念，充盈了整个冬天和童年时光。

秋天的时候，种植腊条的人家早早地就跟父亲联系好，定在某一天，用大卡车将一年编筐所需的腊条全拉了来。虽然编筐这门手艺不能让我们家大富大贵，但至少可以补贴点零花钱。在暂时寻不到别的更合适的行当之前，父亲也就像种庄稼一样，一年年地收购满院子的腊条。这些腊条在反复地风干、水泡之后，才能派上编筐的用场。

差不多，新的腊条要存放半年，父亲才会将它们挑选出来使用。这是父亲的第二职业，基本上只要忙完地里的活计，他就会在院子里打扫出一片空地来，而后将编筐的工具一一摆出来，开始像一只蚂蚁一样勤奋地工作。但凡经过父亲的手，那些腊条就全都变得温顺起来，想让它们怎么舞蹈就怎么舞蹈，甚至可以像柳条一样柔软无骨。父亲不仅仅会编小巧美观的粪箕子、驮筐、粪筐、苹果篓子、提篮、篱笆，还能一个人完成两三米高的庞然大物——酒海。

冬天，村里的女人们热火朝天地忙着编席子，父亲则将腊条娴熟地掌控在双手之中。只不过，这时候父亲的战场变成了室内。室内也因此变得很是拥挤，就连我写作业都没了阵地，只能搬到昏暗的卧室里，打开电灯，或者点上蜡烛，奋笔疾书。透过房间的窗户，我可以看到父亲的影子落在墙壁上。那影子夹杂在舞动的腊条之中，虽然瘦削，却有不怒而威的力量感。我觉得父亲即便是老了，也一定像粗壮的腊条一样，嗖的一声抽下去，就在水泥地上留下一条深深的印记。腊条明显在灯下的堂屋里，有些施展不开手脚，于是它们时而碰到了灯泡，让满屋子都是飞旋的人影；时而落在水缸的沿壁上，发出清脆又寂寥的响声；时而将绳条上的毛巾给扯了下来，又甩到了洗脸盆里。父亲尽力地收拢它们的"手脚"，但无奈腊条太长，而房间又太小，总也无法驯服它们。母亲大约也觉得自己碍脚，收拾完家务后就悄无声息地躲到隔壁房间里去做针线活。于是整个堂屋的灯下，就只剩了父亲一个人。他会打开收音机，听单田芳的评书，一场听完了，一个驮筐也就编完了三分之一。母亲这时候才走出来，收拾父亲折腾出的满地狼藉。我侧耳倾听，院子里静悄悄的，夜色笼罩了日间所有的喧哗。干冷的天气里，一切都被冻住了，并泛着惨白的霜。只有父亲的咳嗽声，一下下地撞击着夜色的边缘。

　　冬季漫长无边，母亲自然也不会闲着，几乎每天她都会帮父亲用特制的劈腊条的工具，将一根腊条从根部劈成两根或者三根。新劈开的腊条泛着新鲜的白色的光泽，似乎还能看到它们在田地里沐风栉雨的姿态。父亲总会将劈开的腊条和无须劈开的腊条合理地编进篓筐里去，让成品看起来色彩丰富又不凌乱。每根腊条的根部都会被削尖了，方便插入如士兵一样排好方队的其他腊条队伍里去。母亲做起这些来俨然是父亲最好的学徒工，熟练到无须父亲开口就能完成他所有的要求，知道今天要编的驮筐或者粪箕子大概需要多少根腊条，其中有多少是粗的，可以用来打底或者作为"顶梁柱"，又有多少是血管一样细细游走在驮筐的身体里的。因此他们一个编筐一个修剪，配合得非常默契。平日经常争吵的两个人，唯独在这件事上从未有过矛盾。父亲将编筐当成艺术品一样去打理，母亲也恰好将其看成织毛衣或者纳鞋底一样的细活，所以基于同样的态度，两个人便有了"打败天下无敌手"的同心协力的作战姿态。

这看上去颇有些动人的姿态让我在冬天会觉得日子不那么难熬，甚至有时听见父母轻声絮叨着的家长里短、炖着白豆腐的锅里发出的咕咚咕咚的响声，或者母亲帮父亲用力扳着腊条时喉咙里发出的轻微的使劲的声音，我都会觉得感动。

那一刻，我完全原谅了父亲拿着一根腊条将我和姐姐追得满院子跑时的冷酷无情。我的脸微微发烫，好像炉火太旺了。窗外是静寂无人的冰天雪地，而房间里的一切却被燃烧得近乎透明的炭烤得像一块炉底的馒头，一口咬下去，酥脆松软，不由得你不欢天喜地。

精彩赏析

文章所表现的对故乡的思念已经融入了作者的血脉里。我们通过文章感受到了作者对故乡的爱和想。作者对乡村生活和劳动情景的展现，如故乡的风俗、故乡的耕作、故乡的活计，体现出对故乡的喜爱和思念。本文以乡野之趣、劳动之趣、亲情之馨为主旨，语言看似朴实无华，实则温婉动人。作者以饱蘸温度的笔触，以儿童纯真的视角，用幽默又不失从容的叙事方式，向读者展示了中国普通乡村百姓生活的温情与美好。

▶预测演练一

1. 阅读《风越过辽阔的大地》,完成下面各题。(7分)

(1)请从"我"的角度概括文章中的四个时间段。(2分)

_____

_____

(2)赏析下面句子的表达效果。(2分)

那笑声如此短促,像一滴露珠,倏然从梦中滑落。

_____

_____

(3)请你从写作手法的角度来分析本文的特点。(3分)

_____

_____

2. 阅读《追风的少年》,完成下面各题。(14分)

(1)解释加点字"风"在句子中的含义。(4分)

①至于那个总是流着长长鼻涕的脏兮兮的弟弟,我才懒得理他。最好他化作一阵风,从我的面前彻底地消失掉。

_____

_____

_____

②风果然在很多年后将我和弟弟像蒲公英一样吹散了。

_____

_____

_____

45

（2）请从语言表达的角度分析第八段中关于弟弟跟在"我"车子后奔跑的描写。（3分）

（3）作者为什么要描写沙蓬草？简要分析其作用。（3分）

（4）作者写作本文是要表达什么情感呢？（4分）

3. 写作训练。（60分）

　　我们远离家乡时，常常想起家乡的一草一木、一粥一饭。家乡是游子永远也做不完的梦，永远也讲不完的故事，永远也割不断的情感……家乡就是一种久久的期盼。

　　请以"家乡"为话题写一篇作文，题目自拟，文体不限，不少于800字。

雨　水

● 心灵寄语

> 春雨，润物细无声。它是上天馈赠给人们的最珍贵的礼物，它为土地带来了生机，为农民带来了希望。

　　立春一到，便是雨水和惊蛰，雷声轰隆隆地打下来，蛰伏了一整个冬天的人们，才好像忽然间想起了田间地头的麦子们。于是纷纷扛起了锄头，去麦田里挖草。

　　不过，如果整个春天，都没有贵如油的雨水，连草也会长得灰头土脸的。女人们会将自家的男人们赶出去，抢水浇地。这是一场更残酷的战争，女人们常常不再关心颜面问题，只要能排上号浇地，哪怕和别的女人起了冲突，也没什么关系。大队书记这时候便派上了用场，一边给自己家麦子先浇上，或者排上号，一边协调着快要打起架来的男人女人。有时候打得厉害了，男人会在女人的怂恿下，夜里爬起来，搬了石头砸进机井里去，堵住井水，让谁家也浇不成地。当然，很多时候，这样的阴谋并不能成功，因为浇地的那家，会派人日夜守护在机井旁边，并拿了手电筒，防范一切试图靠近机井的可疑人士。

我们小孩子们这时也不让靠近机井了。那里原本是我们的乐园，我们会捡起小石子，投到机井里去，听石子在深不可测的井底，落入水中时，响起的沉郁的声音。我们趴在井沿边，看那一小片落在里面的模糊的蓝天。但在干旱的春天里，我们被焦渴的麦子，和同样焦灼的大人们，驱逐出了这片乐园。

夜里醒来，常常听见父母在谈论浇地引发的种种事故。不外乎是谁家跟谁家又打起来了，还动了石头和锄头，并惊动了乡里派出所的人。父母没有后门，排号又看似遥遥无期。而在轮到我们家浇地之前，又不能眼看着田里的麦子们枯死。于是母亲便和父亲一桶桶地从家里压水机里压水，然后倒入大桶里，用地排车拉着去田里一勺子一勺子地浇灌麦子。只是那些水浇到地里，好像还来不及被麦子们喝一口，就被干裂的大地吸光了，或者被头顶上炙烤着的太阳给蒸发掉了。春天看起来不再那么美好，因为关系着口粮的麦子，每一天都变成了煎熬，至于谁家女人被砸破了脑袋，谁家男人追着浇地的那家人，说要拼个你死我活。在躁动的春天里，这些不再像是可以引起人们兴奋的新闻了。

好在这样的时日，不会太过长久。有时候还不等全村人轮上一遍，老天爷就忽然间开了眼，看到了人间疾苦，于是降下一场大雨来，缓解全村人绷了太久的神经。母亲就坐在院门下面，一边做着针线活，一边看着这场不疾不徐似乎要下许久的春雨。

我看着母亲有时候发呆，就会问她："娘，你在想什么？"

母亲笑一笑，像是回我，又像是自言自语："这雨，下得正好，麦子们能喝个饱了。"

我也抬起头来，看向半空。天空里细密的雨，绵密地飘下来，一阵风过，便吹到我和母亲的身上。雨水有些凉，但我的心里却是暖的。我喜欢春天的雨，柔软的、缠绵的。就连平日里好为琐事争吵的父母，也因了这场雨，而变得彼此温柔起来，好像他们是相敬如宾的新婚夫妻。

庭院里一切都是安静的，只有雨声在屋檐下，滴滴答答地敲击着，是世间最单调又最美好的音乐。我好像还能听见麦田里麦子们咕咚咕咚酣畅饮水的声音，这声音一定也在父母的耳畔响着，以至于他们做什么都轻声轻脚的，似乎怕打扰了麦子们的幸福。

有时候忍不住，父亲或者母亲还会披个白色的塑料袋子，冒雨跑到田地里去，看看自家的麦子，在雨中有怎样喜人的长势。这时的父亲，更像个诗人，站在地头上一言不发，就这样深情地望着脚下这大片的绿色麦田。整个村子都笼罩在迷蒙的烟雨之中，只听得到雨声，沙沙的，蚕食桑叶一样，细密地落着。

在麦子还没有长成麦浪之前，我能想到的村庄最美的时刻，大约就是春天里，这样淅淅沥沥的雨天了。

精彩赏析

对于农民来说，粮食关系着一家人的命脉，因此，用来浇灌土地的水才会显得格外珍贵。为了争水，人们甚至会不顾颜面大打出手。直到一场春雨到来，浇灌了干渴的农田，才将一切的愤怒和焦虑平息。生活褪去了残酷，显示出它美好的一面来。作者之所以说春天村庄最美的时刻就是春雨迷蒙的时刻，是因为春雨给人们带来生活的希望。在农村，人们的喜怒哀乐是十分简单的，一切都被土地和庄稼牵动着。土地干旱时，人们会为了争夺资源而显示出野蛮的一面；当田地被春雨滋润时，又显露出诗人般的气质，体现出人与自然之间最紧密的关系。

玉米的盛宴

● 心灵寄语

> 金黄的玉米、清香的玉米叶、香甜的玉米粥……不需要太多的佐料，最自然的食材加上最原始的做法，就能做出世界上最令人难忘的美食，这是大自然的味道。

玉米快要熟的时候，真是盛宴一样。

玉米秸可以砍下来吃，它们一节一节的，据说像南方的甘蔗。当然，那时候村子里再有见识的人，也没有见过甘蔗，只是听说跟玉米秸一样，去了皮，嚼一嚼那甜丝丝的芯里的水分，便可以吐掉。玉米呢，当然可以掰下来，天天放在锅里煮了吃。秋天的玉米是糯香的，啃起来大约像有钱人家啃肉骨头一样吧，很带劲，很有嚼头，吃得满嘴都是，也漏得满地都是。馋的时候，须也顾不得全都摘了，一起跟着玉米粒咽进了肚子里。

玉米叶子青翠的时候，有南方粽叶的用处。母亲会将长长的玉米叶子洗干净了，铺在箅子上，又将一个一个揉得光滑圆润的馒头放在上面，而后便盖上锅盖，开始拉起风箱蒸起来。四五十分钟后，母亲打开锅盖，在氤氲的热气中，摁一下那已经白得似雪的馒头，如果摁下去马上就恢复如初，那么馒头也就差不多好了。

我喜欢看母亲将馒头一个一个地铲起来。只要将玉米叶子一掀，馒头们马上圆滚滚地骨碌下来，有的赖着不离开，那一定是有些糊了。我爱极了吃这些"糊疙疤"，脆脆的，酥酥的，热乎乎的，点心一样，简直是世界上最好吃的美味。所以，"糊疙疤"都是我的专属品，姐姐也捞不着。因为我一心一意地趴在灶台旁，借跟母亲聊天的理由，专门等着玉米叶子上的疙疤吃。母亲为此会多蒸一会儿，让焦煳的疙疤多一些。箅子上的玉米叶子都失去了刚刚下锅时的青翠劲儿，变成了枯黄的色泽。但是它们的香味却留在了馒头上，那清淡的味道，再加上一块咸菜疙瘩，能让人忘了饱，一口气吃下三四个还觉得不够。

剥玉米的时候，村子里的男人女人们便都成了艺术家，能将废弃的玉米皮，全部变成宝贝。我常常坐在父亲的身边，一边拿一支笔，在玉米皮上写写画画，一边看父亲灵巧的双手翻飞着，变魔术般地将玉米皮变成筐子、篮子或者蒲团。那个时候的父亲，似乎去掉了所有对于日常生活的暴躁和怒气，成为一个难得的温柔的男人。

当然，玉米粒也会被带到农家作坊里，加工成玉米面，而后放入瓮里，每天早晚来喝。这便是故乡人最喜欢的玉米粥，方言里叫"糊豆"。玉米粥有各式各样的做法，有时候里面放芹菜叶子、苋菜叶子，而后再加一些盐，叫"咸糊豆"。咸玉米粥喝起来像蒙古族的奶茶，是地道的野菜和玉米的清香，喝几大碗也不觉得够。有时候玉米粥里也会放绿豆、红豆、黄豆、豆扁子，这些豆类当然是提前半天泡好的。烧开后，还要用锅底的余火再熬上半个小时，这样才会烂乎乎的，嚼在嘴里也才会觉得滋味非凡，简直是世上最好的粥饭。秋天收地瓜，我们还会将新鲜的地瓜切成小块，放到玉米粥里去。或者是金瓜块，也别有一番风味。冬天呢，也不会缺了"佐料"，收藏起来的地瓜干，洗干净了放进去，于是一整个秋天的甜，便都浓缩在了地瓜干里。

我常常想起玉米即将成熟的时候，我一个人在地头上一边编着毛毛草，一边等父母干完活回家。他们要么是在扶正被风吹歪了的玉米棵；要么是忙着去掉太过密集的玉米叶子；要么是将吸收了泥土营养的杂草除去。我总是等啊等，等到天都快要黑了，也不见他们的踪影。于是我便隔着稠密无边的玉米地，高喊着："娘！娘！"可是母亲总也没有声音，我便随意走进一条沟垄，拨开扫荡着我的叶子，像一条鱼拨开水流一样，走向母亲可能会在的田地的另一边。那时候总觉得一亩地好大啊，大得我怎么也走不到头，或者是因为有了密不透风的玉米的原因，田地才显得那么地阔大无边，永无尽头。我常常走着走着就害怕起来，像童话里怎么也找不到家和父母的孤独的孩子。天愈发地黑下去了，我终于哭出声来。恰是这样的哭声，让忙碌的母亲终于意识到了我的存在，疲惫地答应着，又带着一些苛责，唤我回家。

我从来没有计较过父母对我的忽视，就像整个秋天，每一个乡下的小孩子，都隐匿在金灿灿的玉米里，犹如一个蛰伏其中的虫子，除非有人忽然发现。它们从不肯爬出来，打扰一株风中努力向上抵达秋天的玉米。

精彩赏析

本文描述了作者对玉米的回忆。小时候自家种的玉米，玉米秸像甘蔗一样甜，玉米叶可以用来蒸馒头，玉米粒又香又有嚼头，玉米粥配上各色豆子、地瓜也是十分香甜，玉米皮可以用来编织各种篮子、筐子……这种农作物全身都是宝，同时，也体现了农民的智慧——他们善于利用一切材料，不会浪费一点资源。接着，作者回忆小时候玉米快成熟时，自己在玉米地里玩耍的情形。小孩子在无边无际的玉米地里等着劳作的父母，一直等到天黑，虽然有些孤独、害怕，但也使人感到充实而幸福。

秋 收

❀ 心灵寄语

> 秋天是丰收的季节,有收割不完的玉米、大豆、棉花、地瓜、芝麻,也有算不完的账。一个农民也许目不识丁,但他一定能算出一斤玉米多少钱,能换多少油条或馒头。那一粒粒的玉米,凝结着一年的辛劳,是全家生活的希望。

秋天总是让人觉得萧条。地里的大豆啊、玉米啊、地瓜啊,一收割完毕,整个村子就变得空旷起来。风冷飕飕地吹过来,要将一切都扫荡干净的架势。我在田垄里捡拾黄色的野果吃,在袖子上简单地擦擦,便一口一个吞了进去。野兔趁人不备,嗖一下蹿出去很远,可是因为田间太空荡了,毫无遮拦,于是它们便会被尚未收缴的猎枪给瞬间干掉。我觉得秋天里的自己就像是一只孤独觅食的野兔,无处躲藏。

一场霜打过后,大地变得愈发地寂寞和孤独,昔日披红挂绿的富裕相,全都被修剪干净,露出落光了树叶的清瘦的枝干。我走在河沿上,觉得石子青苔都是清冷的滑,风凉凉的,从对面的小树林里吹过来。也不知谁在更远处吹着口哨,穿过小树林旁边的一片阴森的墓地。那里埋葬着村子里死去的男人女人，还有夭折的孩子。我经常想知道，死去的人们，在秋收的时候，会不会被吵得无法安睡，而后探出头来，到自己家玉米地里走上一走？依然是生前那样，背着手，弓着腰，唠叨着儿孙们不作为，还顺便将别人家地头的麦子，偷走一小捆，并将它们弄乱了，放在腋下，假装都是自己从路上捡拾来的。等他们巡视完了，或许依然不舍得离去，会坐在坟头上，点上旱烟袋，说道说道村里的旧事，还有跟秋收有关的人情冷暖。要等那旱烟袋吸完了，这才起身，拍拍屁股上的泥土，一缩身，重新回到坟墓里去了。

玉米剥完的时候，父母会将它们编在一起，一嘟噜一嘟噜地，挂在梧桐树杈上。那黄的红的玉米，让已经开始落叶的梧桐树，看起来喜气洋洋的，好像挂了一幅画在上面。那画每天看着都觉得高兴，气派，心里满足。还忍不住要在树下刷牙的时候，想哼一首沂蒙小曲。当然，哪天那玉米叶被雨水给浸泡得朽了烂了，又被麻雀一啄，忽然间挣断下来，砸了脑袋，就不会哼什么小曲了。父母会发了愁，想着要赶紧弄到平房上去晾干了，剥下玉米粒来，卖了换钱。

于是全家总动员，又开始无休无止地剥玉米粒的浩大工程。有钱的人家里，会买一个剥玉米的小机器，据说，将玉米棒扔进去就给剥完了，这听起来很阔气，可是父母也只是聊起时羡慕一下，又让全家埋头一起剥玉米粒了。天已经很凉了，于是战场转移到屋子里去。每天吃完晚饭，母亲都会将一个大盆放在屋子里，将她已经插出一道"玉米沟"便于剥的玉米棒，丢在我们面前。于是房间里便只剩下噼里啪啦玉米粒打在盆上的声音。没有电视，收音机里也没有节目，唯一的娱乐，大概就是一家人天南海北地闲扯。母亲总是抱怨钱不够花，让我和姐姐在学习上节约一点。而父亲也会跟着

\ 试卷上的作家

附和几句,但很快他就厌烦了这样的烦恼,开始转移话题,比如考我和姐姐做算术题。

这样的考试,很容易带来危险。我知道一斤玉米值多少钱,我也知道一斤玉米能换多少油条或者馒头,可是,我却无法像父亲要求的那样,准确快速地算出五十麻袋玉米能变成多少件衣服或者多少斤大饼。我像任何一个伟大的数学家那样,支着下巴,紧皱了眉头,苦思冥想。但我并没有天才们的好命,可以灵感顿开,凭空得到想要的结果。那些奇怪的数字,总是离我很远,好像我天生跟它们无缘一样。我不明白父亲噼里啪啦剥着玉米粒的时候,怎么就对玉米换油条的事情,那么有兴趣?难道他从小也没有吃够油条,所以才加倍地将这种欲望,放置在数学一塌糊涂的我的身上,试图我能给他准确无误的慰藉?还有母亲,明明她没有文化,却也来一起考我。她不钟情于吃,所以她的考题永远都是关于针头线脑的。比如一斤黄豆能买多少尺粗布,一尺粗布能做几个书包?还有十个鸡蛋值多少钱,如果换线箍,能换几个呢?

我觉得那个时候,父母一定把我当成了全知全能的神仙,恨不能将肚子里所有的对于生活的热望,都通过我的嘴得以实现。如果我回答得准确,他们会满意地丢给我一个玉米棒,让我离开纸笔,继续干活。偶尔还会由此扯开话题,谈及针线的价格,或者粗布质量的好坏。但大部分时候,我没有这样的好运,我总是会被父亲的一声大喝给吓得魂飞魄散,继而吃一个父亲的巴掌。但这样也没有结束呢,父亲会派姐姐来监督我,让我继续算那永远跟我不肯亲密的结果。我坐在那里,憋得快要尿裤子了,只好可怜巴巴地求助姐姐,快将那个要命的结果,告诉我吧;如果她能帮我一把,我一定将来真的给她买几斤油条吃。不,哪怕一屋子的、一天井的油条也可以。

我每次饿得眼冒金花的时候,吃完了饭的父母,才会想起我的存在。一声恨铁不成钢的抱怨,终于肯将我解放出牢笼。那时我总是脑子晕乎乎的,想,秋天快快结束了吧。这样,等漫长的冬天来了,玉米都剥完卖掉换成钱了,或者变成了玉米面,做成了"咸糊豆",父母便再也不会无边无沿地给我出算术题了。

可是,秋天它太长了啊!除了玉米,还有大豆、棉花、地瓜、芝麻。地里总有收割不完的庄稼,我也总有千百个理由,被因为收割而疲惫不堪的父母苛责。我很想找一个人,问一问他们那里的秋天,除了收获庄稼,也要收获巴掌吗?但我永远都是孤独的长不大的那个小孩。行走在秋天的田垄里,捡拾着棉花、稻谷,啃咬着一丝微甜的地瓜,想着什么时候,秋收能够结束,大雪覆盖了整个的田野,一切都寂静下来。而劳累的父母,也终于会有大把的时间,可以睡下了。

精彩赏析

经过了春天和夏天的辛苦劳作,迎来收获的季节。这时,大人们更忙碌了,就连小孩也不轻松,不仅要帮父母干活,还要被父母苛责。在农村,父母对孩子的爱没那么温馨甜蜜,没有那么多的时间陪孩子做游戏。他们要忙于农活,要养活一家人,偶尔对孩子加以关注,也是考他们"一斤玉米多少钱"这样的算术题。夏天的时候,小孩钻在密不透风的玉米地里一边玩一边等着干农活的父母;秋天的时候,小孩在光秃秃的田里捡野果吃。农家的孩子没有受到太多的呵护,但好在他们有大自然的陪伴,也并不无聊。

月下看瓜

🌸 **心灵寄语**

> 夏天不仅有甜甜的西瓜、蛐蛐的叫声，还有夜以继日的辛苦劳动，为的是能在秋天迎来丰收。

看瓜是一个大任务，至少我和姐姐是这样认为的。

白日里看瓜，在凉飕飕的风里，一边吃着西瓜，一边逗引着蛐蛐，几乎相当于休闲度假。只是，当白天的悠闲过去，夜晚来临的时候，听着玉米地里蛐蛐们的叫声，狗在某个角落里低低地吠叫，街道上有小孩子在哭闹着喊着妈妈，我总是会下意识地靠姐姐近一些。如果忽然间有脚步声从地头上传来，我会吓得心提到嗓子眼，恨不能躲到床底下去，化作一把泥土，一片叶子，一个西瓜，总之什么不引人注意，就化作什么。比我大三岁的姐姐也大气不敢出一口，只听着那脚步声越来越近了，好像在玉米地的某个角落里传来。我想那贼一定在偷窥着我们。我在心里默念着，赶紧挑一个最大的西瓜，快快走吧；无论如何，都放过我和姐姐，让我们能平安地回家吃母亲做的一顿晚饭。我还想问问姐姐，怎么办呢？你害怕吗？可是却开不了口，怕一出声，那贼立刻拿了大棒子，从背后当头给我一棍。

在我吓得闭上眼睛,连头顶夜空里漂亮的星星和月亮也不敢看,而且马上要很没出息地哭出声来的时候,母亲温暖熟悉的声音忽然间响起。我立刻跳起来,冲母亲喊:"娘,我饿了!"母亲的手电筒照过来,递给我和姐姐,说:"饿了快回家喝玉米糊豆粥去,路上注意点,别栽沟里去了!"

我一路胡思乱想着,跟着拿手电筒的姐姐走过田间小路,经过一个沟渠,穿过一条巷子,再战战兢兢地路过哑巴家门口,心里保佑着哑巴千万别走出家门,冲我啊啊叫唤。然后再一折一拐,便进了自己家门。父亲正在院子里就着灯光搓麻绳,准备卖西瓜的时候,绑排车上的西瓜用。姐姐自己舀了糊豆粥喝,我也去灶间盛饭,却无意中踩着一个夜游的老鼠的尾巴,我吓坏了,喊:"娘,有老鼠!"却没有人搭理我的惊吓。我想起瓜棚下的母亲,忽然有些想她,后悔跟了姐姐回来。我宁肯饿着肚子,也不想在如此孤独的夜晚,一个人吃饱了睡下。

后来母亲究竟有没有回来睡觉呢,我也不知道,因为第二天清晨,我睁开眼睛,母亲已经扛起锄头又下地干活了。桌子上放着一个洗干净的甜瓜,我欣喜地咬下一口,觉得院子里没有人声的寂寞,被这甜蜜的味道给冲淡了。

谁也不知道偷瓜的人究竟是什么时候踩点的,大约西瓜刚刚冒出头来的时候,他们就已经开始琢磨上了。眼瞅着哪家的瓜地一派喜气丰收的模样,个个西瓜都圆滚滚的,惹人惦记。如果不吃上一个,这一年夏天,真是等于白过了。看瓜的人,也大约在视线交锋中,就发现了偷瓜者的欲望火苗,所以一来一往,就是家家瓜地里都建起了瓜棚,等着前来买瓜的人,更等着胆敢偷瓜的那个主儿。

可是那个来偷瓜的贼,始终都没有来,以致我常常问母亲,明明没有贼来我们家,为什么还非要那么辛苦地天天在地里看呢?母亲便瞪我说:"万一哪天贼来了,将西瓜全都偷走了,岂不是这一年都白辛苦了?"

西瓜被一车一车地拉着去集市上卖的时候,很少会有人再将防贼当成看瓜的重点。那时候的瓜地,渐渐变得空旷,露出了泥土的颜色,而田地中间点缀一样的甜瓜,更是显得落寞和孤独。

太阳已经快要落下地平线了,整个村庄都笼罩在薄薄的青烟和夕阳之中。一切都是安静的,连狗叫也没有。哑巴女人的声音,在远处的某个地方啊啊地传来。不知是在与人争执,还是在向人描述着什么。一只羊咩咩地在地边上吃草,谁家的狗忽然间受了惊吓一样,叫了起来。我一块田地一块田地地走过,看到村子里所有的西瓜地,原来都与我们家的一样,变得空荡起来,好像被洗劫过后的战场,或者被人偷袭过的家园。有些忧伤,还有失落。我想起瓜棚也很快就要拆了,我养的蚂蚱,大约会在某个清凉的夜里,悄无声息地溜走。等到瓜棚的四个柱子拔掉,地面重新成为田地的垄沟,完全看不出我曾经在某个夜晚,躺在瓜棚下看向天空的痕迹。

我知道,吃完最后一个有些寡淡的西瓜后,热闹的夏天,也就快要过去了。

精彩赏析

本文以小孩子的视角讲述童年看瓜田的回忆,作者细致地描述了自己与姐姐在晚上看瓜的心理:听到有人走近,害怕到宁愿消失的程度,一听到来人是母亲,又立刻跳起来对妈妈喊饿;战战兢兢走夜路回到家后,又有点想妈妈。这段文字把孩子的胆小和依赖母亲的心理写得十分生动。文章将西瓜上市前与上市后的景象进行对比:西瓜上市前,圆滚滚的诱人的西瓜长在地里,主人日夜提防偷瓜贼;西瓜上市后,田野变得空旷而安静,瓜棚被拆,养的蚂蚱溜走。通过对比,很好地表现出热闹的夏天过去,萧瑟的秋天即将来临的失落感。

一只蚂蚁爬过春天

心灵寄语

> 一只渺小的蚂蚁,也是大自然所创造的生命。它们在土地上生存、繁衍、觅食,生生不息,一直到地老天荒。

春天,看到一只在还有些料峭的风里,探头探脑出来觅食的蚂蚁,小孩子们会忽然间欢呼起来,朝大人们喊:"快看,蚂蚁都出来了!"于是大人们也弯腰看上片刻,而后点头,自言自语道:"天暖和了,不会再冷了。"

那时候的大人和孩子,都会被这样一个小小的生命打动,并不会想起平日里拿它们取乐的种种,只是注视着这孤独的一只蚂蚁,爬过冷硬的泥土,消失在一片乱草丛中。

乡下人习惯了房间里有一两个蚂蚁窝的生活,不会像城里人那样大惊小怪,要动用灭虫剂,将它们消灭干净。我们小孩子,蹲在地上唏哩呼噜地吃饭,还会故意丢一根面条,看蚂蚁们怎么将这上好的食物,齐心协力地搬回巢穴里去。这时候的蚂蚁,就成了饭间的小乐趣,好像电视里上演的精彩的电视剧一样,一定要追着看到有了结局,才会罢休。

有时候它们也会在人家里筑巢，比如床底下，柜子后面，砖缝隙里，也不知它们哪儿来的力气，可以冲破这些坚硬的阻碍，将细细的泥土运到地面上来。自己则躲在这没有风雨的房间里，依靠人吃剩的残羹冷炙，维持着整个蚁群的生命。有时候扫地看到了，一笤帚过去，便消灭了它们的窝巢，但过不许久，那里又重新恢复了平静，照例有蚂蚁出出进进，和人一样，为了家族的一日三餐，而日日忙碌。

我喜欢趴在一棵大树下，看很长时间的蚂蚁，都不觉得厌倦，并常常幻想自己成为其中的一只。每天只要外出寻找食物，而后召集兄弟姐妹们拉回巢穴就可以了。乡下那么大，食物又那么丰富充裕，随便走上一会儿，就可以收获满满的荤的素的食物。一粒饱满的麦子，一只半死的蝗虫，一截断掉的蚯蚓，一块香甜的地瓜，一枚芬芳的野果，一口新鲜的香瓜，都是上好的食物。这些任务，比上学读书轻松多了，啊，简直是坐地就可以生财的幸福活计。等到了冬天，大雪覆盖了整个的村子，人还要辛苦地砍柴、烧火、做饭、剥玉米、编筐，或者踏着积雪、吸溜着永远擦不干净的鼻涕上学，挨老师教鞭的敲打。可是蚂蚁就可以不用讨好任何人，只要在温暖的巢穴里，每天吃吃睡睡就好了，偶尔，它们也会起来活动活动筋骨，串串门子，照看一下正在长大的幼蚁。

所以，蚂蚁大概是乡间活得最肆无忌惮，也最悠闲自在的生命，人为财死，鸟为食亡，可是蚂蚁们却从不用为这些而过度焦虑。几乎每一株大树，每一片沟渠或者地头，都会见到它们的踪迹。人每走一步，都可能一脚踩死一个蚂蚁，这在乡下一点儿都不是夸张。当然，蚂蚁是不会这么轻易被踩死的。它们那么小，完全可以躲到鞋子凹下去的地方，躲过这一场随时随地都可能发生的灾难。至于那些牛脚啊，车轮啊，驴粪啊，更不用说了，所以蚂蚁的生命，也最是顽强的。我怀疑地震、火灾来了，它们也不惧怕，因为它们会比人类提前预知这些重大灾难的危险。这样一想，倒是我们人类，看似体积庞大，却最是渺小可怜。

蚂蚁大约也是乡下最勤劳的生命，除了睡觉，它们大部分时间，都在奔走。有时候它们还会爬到一朵花朵上去，不知是不是嗅到了那芬芳的甜味，想要学习蜜蜂，将汁液收集到窝巢里去。它们站在一朵飘逸的花朵中心，或者一株大树高高的树梢上，向下俯视人类的时候，会不会笑出来呢？觉得这样美好的风景，人类竟然欣赏不到。那时候的乡下，瓜果飘香，炊烟袅袅，大地笼罩在成熟的光泽里，熠熠生辉。这片土地，是属于蚂蚁的。尽管，蚂蚁的寿命，从几周到几十年，相比起人类，短寿得多。可是，它们有强大的繁殖能力，人搬迁走了，它们却可以世世代代居住在同一株大树下，很多很多年，都不会离去。

看一只蚂蚁，大约跟看一会儿天空一样，是乡下人永远不会厌倦的习惯。因为天空一直都在那里，比人类还要长久地存在下去；而蚂蚁们呢，也地老天荒般地在大地上奔来走去，没有休止，也永无绝灭。

精彩赏析

本文写的是童年生活中一件极小的事——观察蚂蚁。乡村的生活没有那么多的娱乐，孩子们也没有什么玩具，但作者的童年并不枯燥。相反，仅仅是一只蚂蚁都能让他观察半天。在乡下，蚂蚁是最常见的，也是与人们关系最紧密的生物，作者通过观察蚂蚁的生活，享受到大自然带来的许多乐趣，领悟到许多生活哲理。

狗的一生

🌸 **心灵寄语**

> 狗的一生,是卑微的一生、食不果腹的一生,也是尽忠职守的一生。狗恪守着自己的本分,接受命运的安排。

村子里的狗,跟人一样,一茬接一茬。

狗老了,走不动了,又有新的狗生出来,继续接替那老狗,在大街上穿梭来往。老的狗常常跟老的人一起,在冬天的自家院子里,或者院墙根下,寂寞地蹲着。老人抽着烟袋,抽一口,烟雾要吐上许久,好像旱烟也临近暮年,行动迟缓。那老狗就笼罩在烟雾里,有些面目模糊。一切都是安静的,晒干的玉米秸被正午的风吹着,发出簌簌的响声。老人的喉咙里好像有痰,上不来,也下不去,就在那里耽搁着。于是呼吸的时候,便有呼噜呼噜的声音。人旁边卧躺着的老狗也是,它的喘气声有些费力,瘦得只剩下一张皮似的身体,有气无力地随着喘息声上下浮动,好像一张漂在河里的腐朽的树皮。临近暮年的老狗,也一定正在朝一条河流走去,那河流会渡它到另外一个安静的地方去。那里没有村子里的喧嚣,也没有炊烟与食物,但却是美好静寂的。

\ 试卷上的作家

濒临死亡的狗，比人更为淡定，它们也有子女，但很少眷恋。所以狗的眼睛里，就少一些纠结与痛苦。身体上的疼痛，也只是让它们抽搐一下，或者哼哼两声，随即便将自己隐匿在无声无息之中。人老了，只要还有一息尚存的力气，就会怀疑儿女不孝，担心棺材寿衣质量不佳，忧虑田产房子如何分配。絮叨多了，会让人生厌。于是年轻的人就离暮气沉沉的人远远的，有时候经过他们的门前，还掩着鼻，好像那房间里有一股怪味。年老的狗从不遭人反感，它们很自觉地躲得远远的，卧在某个不会让人注意的角落里，苍蝇慢慢地盯住了它们，嗡嗡地叫着，落在毛发脱落稀疏的身体上，叮咬着它们所剩不多的营养。

乡下的狗，跟乡下的娃一样，少有娇生惯养的。从未有人给狗看过什么病，好像乡下的狗一生就没有生老病死一样。狗生了病，都是自己慢慢熬着，熬过去了，就好了；熬不过去，也就变得残疾，或者死掉了。除了小孩子，没有什么人会想念一只狗的往昔，因为永远有新的狗替补过来，成为新的看门护院的仆人。狗命贱，好养活，所以哪家如果缺了男孩，忽然间有一天老天爷长眼，在七八个女孩后，生了个男孩出来，他一定会被家族命名为"狗剩""狗蛋""狗子""狗娃"之类的贱名，以便可以跟狗一样好养活一些。

乡下的狗从来都不会吃人闲饭，尽管那饭也吃不饱，吃不香，但成了人家的狗，就要尽忠职守地做事。看家的任务当然是做狗的天职，谁家没有一条狗卧在家门口，代替主人辨别来人的好坏亲疏，那几乎有些人丁不旺的衰颓相。白天的村子里，全是人的声音，隔墙喊叫的，大街小巷里吵嚷的，狗们则全隐没了一样，悄无声息地在太阳里晒着，或者阴凉里吐着舌头。只有太阳落下山去，黑夜将袍子罩在村庄上的时候，东头的狗和西头的狗，才会在没有阻碍的夜色中，隔空交流一阵。狗一生的睡眠，大约都是轻的、浅的，犹如暮年的老人。不管是酷暑还是寒冬,狗们都随时做好醒来战斗的准备。什么风吹草动,都逃不过它们的耳朵。所以狗的梦境,也一定是碎片化的,好像一潭湖水,时不时会有小孩子将一枚石子投进来,打破梦的宁静。两只醒来的狗,会在深夜用叫声说几句话,也不会多,只是呓语似的聊一会儿。而后看一眼墙上晃动的树影,再侧耳倾听下巷子里渐渐远去的脚步声,便止了叫声,重新沉入缥缈远方的梦中去。

远方有什么呢?好像什么也没有,又好像隐藏着无尽的希望与梦想。可是那跟一只狗的世界,并没有太大的关系。狗的一生,隐居在乡村,行走在小巷,或者蹲伏在庭院的梧桐树下。远方是诗意的,而一只狗,只踞守在人的家园。

等到某一天,守护庭院的狗老了,叫也叫不动了,主人皱着眉,对登门的人说:"瞧这只老狗,不中用了,还赖着不死!"

狗将头藏到腐朽的、被蚊蝇趴满的身体下面,想要哭,却最终,一滴泪也没有。

精彩赏析

人们说,狗是人类最好的朋友。狗聪明、忠诚、可爱,在人们的生活中发挥着重要的作用。在乡下,狗并不像城里的宠物狗那样享受主人的宠爱,它们吃着残羹剩饭,在门口蹲守,在巷子里游荡,尽忠职守地过完卑贱的一生。作者将老狗与老人类比,都是一生辛劳,埋头苦干,并没有关于诗意、远方的理想。它们只是完成自己的使命和责任,从不怨天尤人,自然地接受衰老和死亡。

乡间麻雀

● 心灵寄语

> 从热闹的春天到冷清的冬天，麻雀陪着人们经历了播种与收获，度过了乡下的一个又一个四季。

一到春天，大人们忙着耕地播种，小孩子则开始忙着掏麻雀窝，或者用弹弓卷起小石子练习射击。总有一些倒霉的筑在河边上的鸟窝，被不幸打中了，麻雀惊惶地逃到沿河的柳树上去。如果迟一步，就有手快的孩子将麻雀的全家连窝给端了。小孩子容易喜新厌旧，不过是玩上大半天，那些刚刚学会飞翔的麻雀，便被放了生。当然，如果被自家的猫看见了，也就剩了死路一条。大人们看到了，总是会吓唬我们说，女孩子捉了麻雀将来不会做饭，男孩则起满手的癣。我们悬着一颗心，要等上好长一段时间，才会将这样让人惧怕的咒语给忘掉。

稻子成熟的时候，大人们其实也会跟麻雀过不去。他们自己忙不过来，就扎了好多稻草人来帮他们看管。稻草人不过是两根木棍以十字形简单捆绑在一起，而后带上一个草帽，穿上一件塑料衣服，看着有点人形，就可以了。刮风的时候，塑料布呜呜作响，好像人在驱赶着前来啄食的鸟儿。有受过人惊吓的麻雀们，真将它们当成了人，犹豫试探着，想要飞到地里去偷吃点谷子，却又被那庞然大物给震住了。不知道此去一行，是吉卦还是凶兆。于是便在稻田的周围徘徊，眼瞅着那诱人的稻谷，却不能尽情地啄食。只有跟着麻雀群集体出动的时候，它们才会变得胆大起来，呼啦啦全飞入了稻田，瞅准目标猛劲扎下去。不过一阵风吹草动，它们会即刻机警地再原路呼啦啦返回，并在某棵大树上惊魂未定地站住了，瞅着那孤独的稻草人好一阵惊慌。也有不怕死的，偶尔会壮起胆子，落在稻草人的脑袋上，并得意扬扬地鸣叫一阵，呼唤那些怯懦的同伴们。但终究它们是敏感的小东西，稻草人稍微摇动一下，便立刻将这大胆的主儿给惊飞了。

秋天稻谷割完后，田地里便只剩了孤零零的稻草人。没有人会再想起它们，除非耕地的拖拉机"突突突"地开过来了，主人才想起这耽误事的木棍子。一脚将其踹歪了，而后捡起来，扔到路边上去。麻雀们则少了什么陪伴似的，在上空寂寞地飞过来，飞过去，好像一个无聊的小孩子，拿着画笔，在天空上胡乱画着什么也不像的杠杠。

秋天大约属于麻雀们最丰盛的季节，随便到田间地头上逛逛，就能捡拾到很多食物，而且，还无须看人脸色。因为粮食丰富，乡下的麻雀们似乎并不擅长囤积冬天的吃食。反正田里没有，人家院子里也定少不了吃的或者剩饭剩菜。就像乡下要饭的人从来也不知道攒钱一样，只要两条腿能够走路，敲开谁家的门，不会给口吃的呢？所以麻雀们大概是乡下最乐天的生命了，粮食丰裕的秋天，它们在高高的谷堆上雀跃；大雪覆盖了一切的冬天，它们依然冒着严寒出来挨家挨户地串门。从破旧的墙头，跳到人家院子里，东瞧瞧，西看看，甚至跑到香台上去，看看有无供奉的祭品。假如角角落落都搜寻遍了，还是没有什么吃的，它们这才冒着生命危险，跑到我们小孩子拉起的陷阱里去，碰一碰运气。

鸡应该算是麻雀在乡下最好的朋友了，早晨起床后，我将麦子撒到院子里喂鸡，麻雀们眼尖，比鸡们速度还快，从梧桐树上呼啦一下全飞过来。落地后也不管个头比它们大好多倍的鸡们，一个劲儿地猛吃。可怜的鸡们，翘着屁股跑过来的时候，最好的位置已经被麻雀们全部抢占去了，于是它们只能在外围绕着麻雀捡拾剩下的粮食吃。很少会有鸡抗议麻雀们的竞争，因为实在是来不及，谁吃得慢，谁就输掉了，所以最好的抗议，当然是抢食的比赛。我搬了马扎坐在院子里，看麻雀们发挥着小巧灵活的身体优势，自由地穿行在鸡的中间；倒是鸡们自己，时不时就碰了彼此的屁股，或者啄了对方的脑袋，有时候公鸡们还会打闹起来，一点儿也没有公鸡的风范；反而麻雀们谨遵集体觅食的法则，团结在一起，一鼓作气，抢占了鸡们的江山和饭碗。

等到麻雀们吃饱了，便一个个飞到了墙头上，或者蹲踞在梧桐树枝上，晒着春天的太阳，懒洋洋地眯眼睡上一会儿。除非有人刻意地去轰走它们，那一刻的世界，整个都是它们的。

乡下是麻雀们真正的故乡，它们拉了屎，没有人咒骂，反正随处都可以见到白色的"天屎"。一到夏天，如果几天不打扫，平房上便会落满了白色的麻雀屎。那屎扫掉后，还会有印记留下来，除非用水刷洗，否则很难除掉。但即便如此，也没有女人会指着麻雀破口大骂，顶多会嘴里发出"去去"的声音，扬起胳膊将它们全部赶走。倒是鸡们偷吃了晒在地上的粮食，会让主妇们气得骂它们，恨不能立刻宰杀上一只吃了才能解恨。

也只有在城市里，麻雀们有无家可归的孤独感。楼房太高，它们无法安闲地在上面踱步。也没有人会好心地在地上撒一些粮食，清洁工们一笤帚过去，便扫荡干净了一切可供挑拣的食物。

麻雀大约算是乡下散落的音符，隐隐约约地在不远处缭绕着，没有它们，不只我们小孩子会觉得生活无趣，就是大人，也会在庭院里有无所事事的烦闷。也只有看到它们雀跃的身影，听到它们叽叽喳喳的响声，打开窗户和房间门，才会觉得这一天是有生气的，不枯燥的。

我看麻雀如此有趣，料定从未厌倦过乡村生活的麻雀们，也必定觉得乡下是可爱的。

精彩赏析

作者将麻雀比喻为"乡下散落的音符"。与蚂蚁一样，麻雀也是乡间最常见的动物，它们与人类维持着时远时近的距离。虽然偶尔给人们带来麻烦，但也不招人讨厌。相反，它们叽叽喳喳的响声为乡村生活增添了一些活力；它们上蹿下跳的身影为乡村景色涂抹了一些色彩；它们的抢食，在孩子的眼里是一件十分有趣的事。尽管麻雀会偷粮食，麻雀屎很难清理，它们依赖人生活，但人们也离不开它们。这正是作者心中的乡村生活，人与自然亲密接触，并从中得到无穷乐趣。

蛙　鸣

❦ 心灵寄语

> 童年的夏天，是热闹的蛙鸣，是酣畅的雨水，是那些不着边际的提问和天马行空的想象。

　　雨水好的夏天，每天傍晚，都会听到蛙鸣。

　　有时候是孤独的一只青蛙，有一声没一声地叫，不知是太闲了，还是在梦境之中，忽然受了惊吓。有时候是一声紧跟着一声，像雨天屋檐下的雨滴，因为密集，便连成了线。还有时候，是一群青蛙的聚会，在潮湿的草丛里，商量好了似的，亮开了嗓门，开始无休无止的大合唱。那歌声有很强的穿透力，连夜空里的星星，都好像给震动了，隔着湿漉漉的榆树叶子看上去，星星犹如大地这片舞台上的灯光，在夜幕下泛着朦胧遥远的光。草丛里的青蛙们歌唱的时候，池塘边的也跟着附和起来，还有院墙根下某个落了单的家养的青蛙，或者在田地里走丢了的某一只，听闻这一场盛大的演唱会，全都兴奋起来。于是歌声便从黄昏，一直持续到深夜。可苦了那靠声源近的人家，一整夜翻来覆去，无法安眠，以至于最后气得爬起来，到院子里站着听那蛙鸣，直到天边亮起，濡湿了脚，才一脸困倦地回屋再睡。

很少有人会将青蛙的叫声当成悦耳的歌声。尽管青蛙们自己，是在借这样聒噪的歌声求偶。而且雨天来临之前，它们是多么快乐啊，情不自禁地手舞足蹈起来，一定要用呱呱的叫声来动员身边的同伴们，美好的雨天就要来了，为什么不一起唱歌跳舞庆祝呢？雨天里人只会待在家里，看着大雨着急。但青蛙们却在水塘里兴奋地跳跃起来，有时候它们也会跳到大大的荷叶上去，丝毫没有避雨的意思。它们蹲踞其上，想要告诉每一个人，它们如何感谢这一片苍茫的雨雾，不仅带来了它们所赖以生存的潮湿的天气，而且提供了源源不断的食物。因为此时，草丛里的虫子们，开始大量繁殖，还有什么，比日日饱餐，更让它们觉得幸福的呢？

不管歌声怎样，至少，青蛙的样子，还是不让人那么厌烦的。比起它们的本家蟾蜍来，青蛙简直可以称得上是可爱的。好歹，青蛙绿色的外衣，要比土黄色的衣服好看，人偶然间踩到，不觉得心惊。倒是蟾蜍，趴在土沟里，跟泥土混为一色，很容易让人在搂草或者搂树叶的时候，一下子碰到它们黏湿且长满疙瘩的皮肤，吓得尖叫起来。不过老人们则认为碰到蟾蜍是吉利的，因为月亮不就被称为蟾宫吗？据说蟾蜍是美丽的嫦娥变的呢，只是为什么仙子一样美好的嫦娥，会被变成如此丑陋的模样，就不是我们小孩子能够理解的了。

我喜欢在放学后，去河边坐上一会儿，看那些尚未变成青蛙的小蝌蚪们，欢快地游来游去。有时候它们会跑到我裸露的脚边来，用柔软的脑袋，"亲吻"一下我的脚趾，而后倏忽而逝，或者混入无数的蝌蚪之中，让人寻不到它究竟是哪一只。有时候我会想，女大十八变，为什么这么可爱的小蝌蚪，长大以后，不会变得漂亮一些呢？比如像翩翩起舞的蝴蝶，有着优雅外衣的七星瓢虫，或者一尾穿了鲜亮的红色裙子的金鱼。总之不要有那么突兀的眼睛，怀胎十月般的大肚子，枯树枝似的脚趾，和毛球一样绿色皮肤上的小疙瘩。我当然想不明白造物主的决定，于是只能为此叹息，就像为童话里被罚变成丑陋青蛙的王子惋惜一样。

  我养的小蝌蚪，要么我没有耐心等它们长出腿脚或者尾巴消失，就因忘记了换水喂食而不幸死掉，要么就是我太恐惧它们在一夜醒来后，变成了绿色青蛙的模样，而将它们重新还给了池塘。我不知道它们的妈妈在哪儿，或者蝌蚪们自己也找不到妈妈了，只能独自在水中觅食一天天长大。大人们还说，青蛙从来不知道珍惜自己的孩子，它们甚至会一转身，就将蝌蚪当成了晚餐，给吞进了肚中。这听起来有些骇人，于是我一遍遍问母亲，为什么青蛙会吃自己的孩子？母亲没有读过书，说不出来，被我问得烦了，便拿起笤帚疙瘩要打我屁股，我吓得转身就跑出了家门，一边跑一边想，母亲如果再狠一点儿，会跟一只青蛙一样，也将我给吃掉的吧？

  只是，母亲究竟有没有在我梦里，变成一个吃人的青蛙，而今住在城市，完全远离了蛙鸣的我，已经完全不记得。

精彩赏析

  蝌蚪、青蛙、蛙鸣都是极富有田园风情的意象，它们在各种田园诗歌中常作为一种点缀。而本文则专门讲青蛙和蝌蚪，写得妙趣横生。文章的第二段从声音和画面两方面，生动细致地描写了夏天下雨时，青蛙鸣叫的热闹景象，烘托出充满生机与热情的夏日氛围。接下来，插入作者童年时关于蝌蚪的一些胡思乱想：可爱的蝌蚪长大以后为什么会变丑？青蛙妈妈为什么会吞掉自己的孩子？母亲会不会变成青蛙把"我"吃掉？写出了孩子的童真童趣。结尾处作者写到自己早已远离蛙鸣声，也远离了童年，流露出淡淡的哀伤。

正午的驴子

● 心灵寄语

> 沉默的驴子,正如那些默默无闻的劳动者,在日复一日的辛勤劳动中扛起生活的重担。

驴子在乡下是一种沉默的存在。

它们拉车走在路上,常常低着头,一声不吭,倒是赶车的人,拿着鞭子,逢人便得意扬扬地在驴子屁股上,响亮地甩上一鞭,施展他作为主人的威风。那驴子也不争辩,快跑几步,讨好着地排车上的主人。如果主人高兴,驴子在这寂寞的旅程里,会听一会儿乡间小曲,这样赶路就不再是枯燥乏味的。两边大片大片的玉米,在风里哗啦啦地响着,兔子忽然间窜出来,怔怔地看一会儿一心一意拉车赶路的驴子,便在人的喊叫声里,掉头重新消失在玉米地里。

乡下的秋天,快要临盆的孕妇一样,处处散发着浓郁的芳香。驴子这样平静地走在路上,不知道会想些什么。坐在地排车上的人,倒是盘算着这一年的收成大约有多少,收的时候要找本家的哪个男人帮忙,一车能拉多少玉米,有驴子在,又能省下多少力气。驴子是不算计这些琐事的,它的眼睛里只有乡间的小路。那路漫长得似乎没有尽头,驴子于是摒除一切杂念,像个行脚僧人,大太阳下安心走路。即便绊了一跤，挨了一鞭，也不暴躁地跳起来。只当，是雨滴忽然落在脖颈上，倏忽而逝。

被作为工具的驴子，更多的时候，只是牛羊一样的牲畜，用来换钱，或者卖力。村里老杨家门口的石磨上，每天都有人在推磨，轧豆扁子、玉米粒、小麦粒。如果不嫌累，这项推磨的活，就交给女人自己，或者还没有磨盘高的小孩子们。但大多数时候，会用一头精干的驴子代替。让驴子看着满磨盘的粮食，却要强迫它干活，那当然是一件痛苦的事，这就像满桌子都是糖块，却强迫我们小孩子只能做糖纸包裹糖块的活计一样。所以为了防止驴子忍不住偷吃，而且让它不会转得晕头转向，愤愤罢工，驴子的眼睛上会蒙一块布，让它只能傻乎乎地在人的鞭打下，或者惯性的驱使下，不停歇地转啊转。而女人们则拿一把小刷帚，将还没有轧细的玉米扫到轱辘的中间，并将已经磨好的部分扫出来，装入尼龙袋子里。清理这些面粉的时候，女人们当然也要跟着驴子一起转圈，否则，挡了驴子的道，说不定会被狠狠踢上一脚。当然，大部分时候，驴子都是安分守己地拉磨，从来不会给人造成任何麻烦，即便是感觉到前面被女人挡住了，也会一声不吭地停下来，等着人走了，也吆喝它继续干活，这才抬腿向前。

我喜欢这时候的驴子，沉默寡言，一声不响，好像一个哲人，在枯燥乏味的旋转中，思考着某一个高深的问题。它让我想到泥土、庄稼、树木、大地、天空这样的词汇。我想从高空上看到一头驴子，一定跟我看到一只蚂蚁一样，是小小的一个黑点，日复一日地忙碌，却不发一言。它们只是倔强沉默地活着，不管人类的争吵、功利，或者心计。

如果女人们回娘家，坐在驴子拉着的地排车上，是比骑自行车看上去更加地惹人疼惜的。地排车上除了女人和一两个孩子，还有一些地瓜干或者花生绿豆之类的粮食，要送给娘家的亲戚姐妹。这漫长的乡间公路上,坐在车上的女人,也跟驴子一样,成了沉默的哲人。当然,女人们想的全是家长里短的心事,想着如何将婚后的委屈,给姐妹们说道说道。但是假如姐妹们都比自己过得好,则要将烦恼隐瞒住,专挑拣有颜面的事情说。驴子并不知道女人在想什么,却又好像知道这一程,带去的是沉甸甸的粮食,带回来的却是一箩筐的消息,好的坏的,全装在里面,需要花费很长的时间,才能让女人们在絮叨里,一点点消化掉。

我曾经也很希望像别人家的小孩子那样,坐在这样晃悠悠的毛驴车里,跟随母亲回她自己的娘家。可惜,这永远都只是一个奢侈的梦想。因为母亲在十六岁的时候,姥姥就已经去世。失去了娘亲的母亲,除了将人生的烦恼,全都藏匿在心里,又能找谁去倾诉呢?

就像,一头乡间倔强的驴子,在赶集的路上,拉磨的途中,运送粮食的大太阳底下,即便饿着肚子,也只能一声不响地低头向前,从未想过,要向主人索取点什么;或者,跟马一样,用嘶鸣声打破这庸常无聊的生活,换取一点英雄的奢侈的梦想。

精彩赏析

本文讲的是乡下的驴子。作者分别描写了驴在太阳下被主人抽着鞭子拉车、在磨坊里被人蒙着眼睛拉磨,拉着地排车送女人回娘家这几个情景,描绘出了一幅幅乡村生活的图景——动物和人都在日复一日的劳动中度过平凡的岁月。这些场景描写既表现出驴的辛劳、顺从、沉默,也通过对驴的描写,写出了乡村人的辛劳、顺从和沉默。就像作者的母亲一样,一辈子任劳任怨、默默付出,品尝着普通人的喜怒哀乐,把所有的生活的委屈和人生的烦恼都藏在心中,无怨无悔地度过一生。

预测演练二

1. 阅读《秋收》一文,回答下列问题。(11分)

(1)文章第二段作者提到了小树林旁边的墓地,还联想到死去的村人会像生前一样到玉米地里走一走。这段情节在文中起到了什么作用?(3分)

(2)文章第五段,父母为什么要考作者类似"一斤黄豆能买多少尺粗布"这样的算术题?(4分)

(3)分析文章最后一段作者想要表达的思想感情。(4分)

2. 阅读《一只蚂蚁爬过春天》,回答下列问题。(9分)

(1)作者为什么长时间观察蚂蚁都不厌倦?(3分)

(2)蚂蚁在乡下人的生活中扮演着怎样的角色?(3分)

（3）在作者笔下，蚂蚁具有哪些特点与品质？请试着总结一下。（3分）

_____

_____

3. 写作训练。（60分）

宠物在人的生活当中扮演着非常重要的角色，如今，越来越多的人开始养宠物，你养过什么宠物吗？你想养一只什么宠物呢？是忠诚的狗还是可爱的猫，还是其他动物？阅读《狗的一生》，写一写你养过的或者想养的动物，以及你喜欢它们身上的什么特点。文体不限。字数：600~1000。

夏日哀愁

🌸 **心灵寄语**

> 炎炎的烈日、茂盛的草木、阵阵的蝉鸣，让人回到记忆中的夏日，重温旧梦，思绪万千。

夏天，我最喜欢爬到平房房顶上去，那里是我的乐园。

通往平房房顶的"路"，当然不是先进的水泥台阶，而是父亲自己做的竹梯。我人小胆大，不等父母爬上去晾晒粮食，便猴子一样嗖嗖嗖爬到了平房房顶。粮食不好搬运，父亲便在上面用一个绳子一袋一袋地拽上去。我当然负责解开口袋，将玉米粒、麦子或者地瓜干，全部都倒在平房房顶上，并将其薄薄地摊开。平房房顶中间有个水泥台子，隔开左右两边。我干完了活，等着大人下去了，便将麻袋撂好铺在水泥台子上，躺下来看书，或者听旁边香椿芽树上，两只喜鹊的对话。香椿芽树长得枝繁叶茂，这让晾台的一角特别清凉，而且因为下雨，还长了很多的青苔。一株枣树早早地就将枝干伸过来了，并用小小的白色花朵诱惑着我，让我躺在水泥台上，忍不住畅想秋天枣子变红的时候，我会怎样拿了钩子，将高高低低的红枣，给一个一个地钩下来。

我还畅想隔壁胖婶家院子里的核桃树，那树已经很多年了，年年都结下丰硕的果实。而且总有那么一个枝子，是伸到我们家平房房顶上来的。胖婶为此绞尽脑汁，想要用诸如绳子捆绑的方式，甚至砍掉枝干的方式，将核桃全部归拢到自家院子里来。偏偏那核桃不听指挥，总爱干"红杏出墙"的事，或者它就是跟我看对了眼，所以要千方百计地越过胖婶的监视，非要每年给我几个核桃尝尝不可。我因此特别偏爱那株核桃树，并在它的身上刻了我的名字，看看明年那名字会长多大。我还提前侦查好了属于我的那株枝干上，会结多少个核桃。我跟每一个核桃都亲密犹如知己，我知道它们身上细密的纹路，熟悉它们叶子上芳香的味道。我还会摘下几片叶子夹在书本里。等某一天翻开书本的时候，便会有好闻的香气，将整本书似乎都给浸润了。

　　我躺在水泥台上，仰头看着一架飞机从高高的天空上滑过。一群鸟儿排队飞过树梢，又在青瓦上抛下一行白色的粪便。那粪便热烘烘的，犹如此刻二蛋家的庭院。那里，夫妻俩正酣畅淋漓地吵一场有始无终的架。我无须歪头，就能用余光看到二蛋家的墙头上骑满了小孩子。他们像看一场戏一样斗志昂扬，内心充满了希望那戏朝更高处发展的渴望。而女人们呢，则在嘴上奋力地阻止着好戏的上演，试图拿言语的灭火器将大火扑灭，却一心一意地期待高潮一波又一波地涌起。我听着喧哗声像浪一样一股股传来，有些累了，闭上眼睛，在二蛋家的吵闹声中慢慢睡了过去。

　　我醒来的时候，二蛋家的好戏已经落下帷幕。我继续躺在水泥台上，听各家各户的声音，从四面八方传来。这里面最清晰的，当然是自家院子里的动静。母亲跟父亲也接着二蛋家的戏，吵了起来。我不想下平房房顶自寻死路，但也不想待在上面。因为同学王小新的火眼金睛，将一切都窥到了眼底，过不了片刻，我想她就会下平房房顶告诉她的爹妈。而后再用半个小时，传遍整个村子，并引来一群多嘴女人们，以劝架的名义，把我们家那点私事全部挖掘出来。我第一次觉得平房房顶是一个毫无秘密的所在，它再也不是一个自由的天地和无约无束的乐园。我在毫无遮拦的平房房顶上窥视别人家秘密的时候，别人家也正跟我一样，窥视着我们庭院里的喜怒哀乐。

我有些讨厌王小新，尽管院子里一片狼藉，父母都已各自回屋睡觉去了。可没了梯子的我，却不知如何逃下平房房顶，躲开王小新幸灾乐祸的目光。我平躺下来，让自己缩小成一团，仔细窥探着周围的一切。

就在这时，我发现了庭院里那棵靠近平房房顶的正好可以搂抱的梧桐树。我小心翼翼地抓住梧桐树的一根枝干，而后迅速地用四肢抱住。就在我猴子一样想要顺着梧桐树滑下的时候，无意中一抬头，看到前院的王小新，正捂嘴咯咯笑着朝我看过来。

那一刻，我对整个村子的平房房顶，都生出了哀怨。

精彩赏析

作者用纯真的孩童视角讲述了童年的趣事。文章以"夏日哀愁"为题，巧妙设置悬念，吸引读者的阅读兴趣。"我"喜欢在夏天爬到平房房顶上，看书也好、看风景也罢，这段时光总是悠闲又惬意，但当"我"发现同样爬上平房房顶的同学王小新看到了"我"家父母吵架的好戏还有"我"迫于无奈抱着树干滑下的窘境时，毫无遮拦、毫无秘密的平房房顶在"我"心中立刻变成了夏日的哀怨。作者通过细腻的刻画，使一个生动活泼的孩童形象跃然纸上，能够给读者留下深刻的印象。

赶 集

● 心灵寄语

> 赶集是一种民间风俗，是劳动人民生活中必不可少的一项活动，人们会定期聚集在一起进行商品交易。

童年时的集市，就在六里远的镇上，骑车大约半个小时，但我坐在自行车的横梁上，一路被父亲载着，前往集市时，却总觉得遥远得像在天边。我会小心翼翼地问许多次："爹，快到了吧？"父亲的下巴摩擦着我的脑袋，痒痒的，他没说话，只哼着快乐的小曲："花篮的花儿香，听我来唱一唱，唱一呀唱，来到了南泥湾，南泥湾好地方……"我知道父亲那一刻是心情愉悦的，于是就大了胆子，提我心里的愿望："爹，集上有卖爆米花的没？还有香瓜子、红头绳、弹球、铅笔盒、裙子……"我一口气列了十几种东西，父亲听了笑起来："真买那么多，你能背回家吗？"我没回答父亲的问话，却下意识地将后背跟父亲贴得更近一些，好像我真的将整个集市上的东西，都幸福地打包背上了一样。

父亲当然不会空着手去赶集，自行车的后车座上，带了几个他新编的驮筐，一个驮筐卖的钱，能买好多纱巾或者红头绳。如果都能够卖出去，父亲一高兴，说不定还会买一包油条给我吃呢。一路上我看到很多人骑车去赶集，还有赶着小毛驴的，毛驴拉着一地排车西瓜或者白菜，也是要到集市上卖掉换钱的。至于换了钱他们再买什么，我实在猜不出，因为集市上那么多好吃的、好喝的、好玩的、好用的玩意儿，它们都闪闪发光，珍宝一样让人觉得诱惑，谁也抵挡不住它们的光芒吧，所以什么都有可能被人们买回去吧。

集市上新鲜的玩意儿真多，但我也只能先守在父亲身边帮他卖驮筐。驮筐是用来给卖苹果西瓜或者馒头蔬菜的人准备的，所以父亲一路走过去，总会有好多熟人跟他打招呼，他们的身旁是父亲编的驮筐，有的簇新，有的已经很旧了。于是我便盼望那旧了的小贩，再买父亲一个驮筐，以便我们可以早点卖完了收摊。只是我每次眼巴巴地看着他们，他们都很小气，只笑眯眯地点点头，连一个甜瓜苹果都不舍得给我，便又去忙活让他们望眼欲穿的顾客了。我坐在他们对面，听他们甜言蜜语地吆喝着，觉得老实巴交不会喊叫买卖的父亲，跟我一样，有些孤独。

父亲的驮筐终究还是卖剩了两个。我拉着父亲的衣角，不知道该说什么来安慰被太阳晒得有些疲惫的他。我恨不能坐到那驮筐里去，像古代人那样，在背上插一根草标，示意过往的行人，如果买驮筐，就赠一个小孩。但父亲扭头看见我，还是强打起精神，将驮筐绑好在后座上，又将我抱上横梁，在太阳已经老高的正午，推起车来，慢慢沿着集市前进。直到这时，我才变得兴奋起来。卖驮筐时那种等待顾客的焦灼感，瞬间被卖糖葫芦的、卖漂亮衣服的、卖鸡鸭牛羊的、卖瓜子梨果的，扫荡一空。我的眼睛应接不暇，恨不能像孙悟空一样，一个跟头跳到云层上，向下看，将两条大道的集市，给窥个一清二楚，并将视线直接锁定在卖女孩漂亮衣裙或者时髦玩具的摊位上。要是能化作隐形人，悄无声息地将某个自己喜欢的花书包给不花钱掳走，那更是美。

我正这样幻想着，忽然见一个卖瓜子的男人，恶狠狠地扇了一个小女孩一耳光，又将她踹倒在地上。没有人注意被打的小女孩，或者，大家都看见了，但觉得并不新鲜，也就继续欢快地各自买东西去了。只有我，脸烧得通红，好像自己成了那个想要偷偷抓一把瓜子放到兜里的小贼，被人毫无尊严地踢打在泥地里，嘴巴流了血，而那些抓来准备回家给姐姐妹妹一起享用的瓜子，也洒落在自行车或者地排车的车辙里，像一个个行人的眼睛，嘲笑的、冷漠的、同情的眼睛。那个小女孩低着头爬起来，什么话也没说，就在卖瓜子男人的骂骂咧咧的声音里，拉起大概是她小姐姐的手，匆匆地混入了人群之中。

这样偶然闯入的低落情绪，要再逛上一长段距离的集市，并且父亲给我买了好吃的零食之后，才会慢慢消散。我一边吃着零食，一边想起，我想要的裙子、书包和文具，还都没有买呢。可是，父亲的脸色，像天上刺眼的太阳，开始在人群里变得焦躁起来。车子后面没有卖完的驮筐，总是因为撞了行人，而不停地被男人女人们抱怨着。于是，我的那些缤纷的梦想，也在绚烂的阳光下，全都化成美丽的泡沫，一个一个，连同集市上那条拥挤繁华的街道，一起消失了。

精彩赏析

　　文章围绕着赶集展开，主题明确，结构严谨，行文流畅。先写去赶集时的"我"是幸福的："好像我真的将整个集市上的东西，都幸福地打包背上了一样。"然后写在集市上陪父亲卖驮筐时"我"是孤独的："觉得老实巴交不会喊叫买卖的父亲，跟我一样，有些孤独。"接着写赶集时"我"是兴奋的："卖驮筐时那种等待顾客的焦灼感，瞬间被卖糖葫芦的、卖漂亮衣服的、卖鸡鸭牛羊的、卖瓜子梨果的，扫荡一空。"后来写看到卖瓜子的男人打小女孩时心情低落，最后写缤纷的梦想化成美丽的泡沫，照应开头，把赶集的心绪描写得真挚动人。

卖豆腐的人

● 心灵寄语

> 元代诗人郑允端曾作诗赞美豆腐："磨砻流玉乳，蒸煮结清泉。色比土酥净，香逾石髓坚。味之有余美，五食勿与传。"

我哼哧哼哧地跟在母亲后面，看她在巷子口买豆腐。

卖豆腐的狗剩是斜眼，他立刻就看到了我。在听见母亲为了一点蝇头小利，再一次谈笑风生地夸他做的豆腐鲜嫩可口时，狗剩一激动，就开口客气道："有时间嫂子带闺女来吃一碗豆腐脑吧。"母亲看一眼可怜巴巴的我，笑着应承下来："哎呀，买豆腐还送豆腐脑，那多不好意思，我看看明后两天带闺女来吃一碗，她可是嘴馋很久了。"

第二天凌晨六点，我就被母亲叫了起来，闭着眼睛迷迷糊糊地穿好了衣服，却因吵醒了父亲，招来一通责骂。他骂我没出息，为了吃人家一碗免费的豆腐脑，披星戴月地赶了去，要是人家给点钱，还不住人家里，认个干爹？母亲听了没吱声，却是好好打扮了一番，还围了一条好看的红围巾，又给我戴了胭脂红的套脖，然后轻轻拉开了门。

冬天冷寂的大街上，我和母亲都穿了鲜艳的衣服，喜气洋洋的，好像去赶赴一场约会。母亲牵着我的手，两个人谁也不说话，只在尚未亮起的天光里，安静地走路。我与母亲的呼吸，一轻一重，好像在为细碎的脚步声伴奏，又好像两只昼伏夜出的动物，在黎明前最后的夜色掩映中，出没在人烟稀少的街头。

我想，如果此刻有女人打开大门，恰好看到行色匆匆、神情可疑的我们，一定会背后给自家男人说："瞧这娘俩起那么大早，急匆匆的，一定不是去做什么好事。"哦，在很少能够喝到豆腐脑的乡下，早起去喝一碗免费的豆腐脑，听起来的确不像是什么好事，好像我和母亲生来就是爱占便宜的人，又好像我们生下来就是为了喝这一碗豆腐脑。

好在狗剩家并不太远，这也让我和母亲心里淤积着的那口气，没有停留太长的时间，便长长吁了出来。待到一脚跨进狗剩家门，听到狗剩他娘拉风箱的声音，还有狗剩着急时结结巴巴的说话声，我和母亲的心里终于踏实下来，好像那柔软的豆腐脑早已吃到了嘴里。

狗剩听见柴门吱嘎一响，就从灶间里探出头来，看见是我们娘俩，便笑道："正想着，你们就来了，豆腐脑的卤子早就打好了，在锅台上备着呢。"

我顾不上听大人们说话，只好奇地看着灶间里两个很大的瓷缸，其中一个装满了刚刚从石磨上磨完的豆浆，而另外一个大缸里的豆浆，已全部被倒入了大锅，且在烧火棍和风箱的集体作用下，沸腾起来了。于是狗剩他娘开始用大舀子将锅里的豆浆，舀入大缸里。母亲也不肯闲着，一边帮忙舀，一边陪狗剩他娘唠嗑；当然说的全是夸狗剩的话，说他人仗义，大方，卖豆腐从来不跟人斤斤计较，所以村里人都愿意支持他们家生意，这豆腐坊，也在附近几个村子里出了名。母亲当然不会将后面一句暗含的话说出来，那就是可怜的狗剩，做的豆腐十里八村都卖得出去，唯独他这个人，卖相不好，活到四十岁了，还是光棍一条。

不说出来，于是灶间里便一团和气。氤氲的热气中，两个女人忙得满身是汗，母亲干脆脱了棉衣，露出自己新织成的枣红色毛衣来。那枣红虽然是沉郁的颜色，却被奶白色的散发着热气的豆浆映衬着，透出迷人的如熟透的果实般的色泽来。于是昔日被狗剩和他娘充塞的枯寂的灶间，忽然间变得生动起来，而我的存在，更为这狭小晦暗的空间，点亮了一盏灯，现出一个正常家庭里的温馨动人的底色。

我想狗剩和他娘，一定沉浸在这种温暖又陌生的感觉里，不想出来，以致他们让我和母亲，连喝了两碗加了鲜香卤汁的豆腐脑，还不肯放我们走，非要跟母亲聊聊家常。而母亲也自觉地尽到了白吃白喝所需担负的义务，将光棍狗剩缺少的年轻女人的温暖，和狗剩他娘从未体会过的婆媳之间的关爱，真真假假地，全表演给了他们。

临走的时候，母亲用这样热情的表演，换走了两碗捎给父亲和姐姐的豆腐脑，外加一斤新鲜的豆腐。母亲当然是坚持要付钱的，无奈狗剩在那个早晨，有一股子说一不二的坚决，坚持不收钱。

啊，那个寒风像刀子一样嗖嗖割着人肌肤的冬天的早晨，我的心里被两碗豆腐脑弄得暖融融的，以致我觉得我快要爱上狗剩了。

可是我要将这爱深藏在心里，不告诉任何人。我想。

\ 试卷上的作家

精彩赏析

　　文章主要描写了一个卖豆腐的人，运用多种手法塑造人物形象。"有时间嫂子带闺女来吃一碗豆腐脑吧。""正想着，你们就来了，豆腐脑的卤子早就打好了，在锅台上备着呢。"这两处运用语言描写的手法表现出狗剩的憨厚实在。"说他人仗义，大方，卖豆腐从来不跟人斤斤计较，所以村里人都愿意支持他们家生意，这豆腐坊，也在附近几个村子里出了名。"这句话通过侧面描写表现了狗剩做豆腐的手艺好。"我"的爱来得简单又直接，因为两碗暖融融的豆腐脑差点儿爱上狗剩，令人忍俊不禁。

孤独的黄昏

心灵寄语

> 夕阳缓缓落幕,橘红色的晚霞洒满天际,万物仿佛镶上了一层金边。驻足在黄昏的景色里,空气变得澄澈,风也变得温柔。

记忆中的那个秋天,漫长无边。

父母一直都在地里劳作。玉米、花生、大豆、棉花、地瓜、土豆,总也忙碌不完。我真恨不得能有秋风卷落叶般的法力,帮父母将粮食全部运送回家。可是除了每天跟着姐姐搂树叶,我什么也做不了。

即便是搂树叶,我也被姐姐鄙夷。她并不喜欢带着我,觉得我跟猫狗一样碍事。午后,我夹着两个尼龙袋子,悄无声息地跟在姐姐身后。姐姐又长高了一些,于是她扛着竹耙的背影,也更好看了一些。她乌黑油亮的辫子,在我眼前晃来晃去的,让我有些晕眩。不过如果她回头白我一眼,或者骂我两句,我会更清醒一些,意识到自己在姐姐眼里,其实连做跟屁虫的资格都没有。村里游手好闲的长河,站在路边上,流里流气地赞一句:"莉莉真勤快！"也会收到姐姐的白眼。不过那白眼在我看来，有些娇羞，也有些暧昧。反正长河因此更加兴奋，仗着大道上没有人，便朝姐姐大声歌唱："妹妹你大胆地往前走呀，往前走，莫回呀头！"姐姐果真没有回头，她加快了步伐，很快便将我和长河，远远地甩在了后边。

我于是恨长河。听见他的口哨声在日渐萧条的大道上，追逐着落叶，回旋往复，便觉得厌烦，忍不住回头朝他吐一口唾沫。长河却对我连眼皮也懒得抬一下。他完全沉浸在自己悠扬的口哨声里了。

大道两旁的沟渠里，早已经有了一堆一堆的落叶。那些落叶堆并不太大，是人专门用来占地盘的。于是我和姐姐便只能沿着大道不停地朝前走，一直走到少有人去的北坡的苹果园旁。

果园里已经空空荡荡了，连地上的花生也给刨得一干二净。我蹲下身去，能够从果园的这头，一眼看到那头。可是就在枝繁叶茂的夏天，我去摘苹果，跑了好久，也没有跑出这片果园。

姐姐走下沟渠，便专心搂起了树叶。因为秋收，大地变得开阔起来。远处的田地里，可以看见人们在晾晒着瓜干或者棉花。翻开的泥土里，散发着一股清甜的气息。树梢间看不见鸟雀飞翔，它们全都在人家地里，埋头寻找吃食。人们也懒得轰赶它们，因为更多的粮食，等待着运送回家。大地以它全部的热力，在这个秋天，提供给人们丰收的喜悦。当然，也有因此带来的忙碌与紧张。只有无边下落的树叶，能让人们慢下脚步，在越吹越凉的风里，发一会儿呆。

姐姐也会发呆。她搂得累了，就停下来，举起一片叶子，透过上面的缝隙，看向深蓝的天空。那片叶子已经枯萎得只剩下褐色的脉管，像一个风烛残年、青筋暴突的老人。村里的老人在这个时候，也在使出最后的力气，帮儿孙们干活。他们拄着拐杖颤颤悠悠地走在乡间小路上的样子，总让人担心。当然，除了他们的儿女，没有多少人关注他们的生死。即便是死了，又有什么呢？不过是跟叶子一起埋入泥土里。村庄里所有的人，都是这样年复一年地历经着生与死。

除了树叶飘落在泥土里时发出的轻微的响声，大地一片寂静。我和姐姐背对着背坐在树根上，姐姐看天，我看地。地上其实也没有什么好看的，不过是两只蚂蚁在争抢一粒玉米的碎屑。一只向北，一只向南。彼此较着劲，谁也不肯放弃，好像谁先放弃，丢的不是一粒玉米，而是一片城池。我觉得这跟村里男人女人们打架一样有趣，为了人前的面皮好看，是没什么道理可讲的。我入了迷，丝毫没有觉察到一个影子，正神秘地罩住了我和两只大战的蚂蚁。我以为那只是太阳西斜，将树影挪移到我的脚下。就连抬头看云朵的姐姐，也忘了周围的一切，她甚至轻轻地哼起了歌，歌声淡远、缥缈，像一片树叶，悬挂在云端。就连那两只蚂蚁，也似乎被这歌声打动，竟放下玉米，各自走开去了。

黄昏正在临近。阳光将最后的光线，落在那片孤独了很久的树叶上。于是它的周身，便散发出奇异的光泽，好像它将一生的气力，都在那一刻释放出来。那是生命的光环，迷人的，炫目的，斑斓的，婆娑动人的。而后，一阵大风吹来，那片叶子，终于脱离了一生赖以存活的枝干，向着无尽的天空飞舞。它越飞越高，越飞越远，一直到最后，变成一个小小的点，彻底地从我的视线中消失。

我在这个秋天的黄昏，觉得有些孤独。

精彩赏析

  这是一篇回忆性散文,作者用如诗如画的语言将童年记忆娓娓道来,清新雅致、生动明快。记忆中那个漫长的秋天,父母总是忙忙碌碌的,姐姐也并不喜欢"我",游手好闲的长河惹人厌烦,果园变得空空荡荡了,大地也变得开阔起来,人们秋收的紧张、忙碌与落叶的寂静、冷清形成鲜明的对比。孤独了很久的树叶在黄昏中释放出动人的生命力,最终脱离枝干,向着无尽的天空飞去,带给了"我"一些关于生命的感悟和启发,引发读者的哲学思索。

小贩穿街而过

● 心灵寄语

> "买煎饼喽!"洪亮的叫卖声穿梭在大街小巷,声声都饱含着热切的盼望。在那经济落后的年代里,做点小买卖是人们谋求生路的真实写照。

父亲载着我,在邻村空旷的大道上,卖煎饼。

每路过一个行人,他便满含着希望,叫卖一声:"买煎饼喽!"那声音在空气里飘荡开去,很快便消失在夏日的暑气之中,连一点影子也没有留下。父亲于是将叫卖的声音,喊得更高一些。终于,有人被父亲叫住了。作为"开市"的第一单生意,自然是要便宜一些的,买煎饼的女人也透着娇媚劲,笑嘻嘻地掰下一半煎饼,咯吱咯吱地吃起来。父亲当然不好意思说什么,已经高高的秤杆,也没办法再低下去,只能自认吃亏。女人带来的麦子,全是陈年的,生了虫子,又散发着一股子霉味。父亲看着袋子里掺杂了许多"大麦"的麦子,想要皱眉,却最终只笑着说了一句:"这麦子,成色不好啊!"乡下的女人一结了婚,脸皮就厚了起来,因此听了父亲暗含深意的话,女人脸都没有红一下,照例闲适地嚼着煎饼,笑嘻嘻地道:"明年你再来,保证粒粒饱满。"

我希望煎饼可以很快地卖完,这样我和父亲就能轻松地骑车回家。但那煎饼,被卖到一半的时候,就似乎累了,慵懒地趴在车上,再也不肯朝人家袋子里跑。于是父亲将车推到树荫下,把空了的煎饼袋子铺在地上,让我坐在那里不要动,然后从地排车上摘下军用水壶,去对面的一户人家讨热水喝。

"有人吗?"父亲站在门槛外,犹豫地朝院子里喊。很快,一个矮胖的年轻女人从堂屋里出来,看了一眼父亲,随即就扭头回了屋。我有些紧张,又替父亲觉得难堪。倒是父亲,满怀着期待,像乡下常会见到的要饭的一样,倚在人家门框上,闲散地看着院子里奔跑的鸡鸭和猫狗。我看到一只精瘦的鸡,嗖的一声飞上了墙头,而更多的鸡,则在墙根下漫无目的地散步,或者拉屎。还有一只肥硕的猫,沿着梧桐树干,悄无声息地爬上了平房。一只狗被太阳晒得有些头晕,眯眼瞅着父亲,却懒得叫上一声,向主人表达它作为一只看家狗的忠诚。我在知了声嘶力竭的鸣叫声里,觉得父亲也似乎化成了院子里的某个物件,只不过这物件,是依附在黑色的铁门上的。

终于,女人提着一暖瓶水,从堂屋里走了出来。那暖瓶是鲜艳的红色,上面画着一朵娇羞的牡丹。我猜测女人是刚刚结婚的小媳妇,因为她的凉鞋,也是红色的。她的脸上还透露着一些紧张,朝父亲的水壶里倒水的时候,还忍不住朝门外看了一眼,大路上有男人骑着自行车缓缓而过,那速度是故意放慢了的,视线中也带着意味深长的窥探。女人因此更紧张了一些,水便不小心洒了出来,滴在了崭新的凉鞋上,她"哎呀"地叫了一声,这一声让我和父亲立刻生出愧疚与不安,好像我们欠了她不只是一壶水,而是一车的煎饼。于是父亲转身去车里拿出一个煎饼，歉疚地笑笑，递给女人。

女人愣了一下，还是用沾着泥灰的手接过去，又飞快地看一眼正午的阳光下空荡荡的大道，便笑着转身回了院子。院子里那条懒惰的狗，忽然间来了精神，讨好地蹭着女人的腿，又不停地摇着脏兮兮的尾巴，并将全部的注意力，投射到那块煎饼上。女人一口咬掉大半个，又低头看了一眼，便随手将剩下的半个，丢给了营养不良的狗。那狗立刻兴奋地叼起来，跑到鸡鸭看不见的角落里，一门心思地猛吃起来。

我和父亲，忽然被那条狗的吃相，弄得有些心烦，于是胡乱吃了几口煎饼，又咕咚咕咚地朝肚子里灌了半壶水，便从树荫下起身，推起车子，沿着连人影都没有的大道，漫无目的地向前走着。

这次，我没有坐在地排车上，而是在后面卖力地帮父亲推着。日头开始毒辣起来，整个村庄，都沉寂在无边无沿的午休里，就连知了，也隐匿了嘶鸣。我低着头，看着自己的影子，在地上缓慢地移动。车轮在坑坑洼洼的大道上，吱呀吱呀地响着。也只有这枯燥单调的声音，肯来陪伴我和父亲。

我们这样走了有多久呢，也不知道。我只是觉得，这个小小的村庄，忽然间变得很大很大，大到像洪荒宇宙一样，将我们一瞬间吞没，连悲伤，都来不及。

\试卷上的作家

精彩赏析

作者以"小贩穿街而过"为题,概括了文章的主要事件,按照事情的发展顺序记叙成文,条理清晰,脉络清楚。事件的起因是:父亲载着我,在邻村空旷的大道上,卖煎饼。事件的发展是:买煎饼的女人占小便宜,用陈年的麦子换煎饼。事件的高潮是:父亲讨到热水后送上一个煎饼,这煎饼的一半却被随意丢给了院子里的狗。事件的结局是:"我"和父亲推着车不知道走了多久。在这个过程中,希望的一再破灭使人逐渐心灰意冷,表现了"我"悲伤却又无可奈何的心境。

秋天正在抵达的路上

心灵寄语

> 秋天的阳光失去了春天的生机盎然,告别了夏天的酷热炽烈,蕴藏着的是淡泊平静而又妩媚成熟的美。

处暑,夏日奏出舒缓的尾声,风沿着北方辽阔的街巷吹来,凉爽得仿佛秋天早已抵达。

我在沁人的凉风中,坐在一片小树林里,抬头看天。天上空空荡荡的,什么也没有。阳光洒在一株年轻的白桦树上,将每片新生的叶子一一照亮,整棵树便在圣洁的光里,随风发出亲密的私语。红色、粉色、白色的花朵,依然在热烈地绽放,仿佛在拥抱这即将离去的夏日。洋槐树有着惊人的生命力,它们的根基伸展到哪儿,哪儿就很快长出一株茂盛的槐树。它们隐居地下的根系,也一定遒劲发达,即便被斩断一段,也会从断裂处迅速长出新的生命。

一株挂满果实的苹果树,在白桦树的对面静默无声地站着。几只喜鹊飞来,站在枝头上,许久都没有离去,仿佛在耐心等待一只瓢虫爬过枝头。蜜蜂有些孤单,绕着枝叶嗡嗡盘旋一阵,便掉头飞往附近的丁香。火炬树高高擎起红色的果穗,以入侵者的姿态,向其他树木昭示着自己的所向披靡。在九月来临之前，它们的叶子还是温润的绿色，一旦嗅到秋天的气息，狂热的火焰立刻照亮脚下每一寸土地。

我将视线从火炬树上慢慢收回，转向半空中两株枝干温柔触碰在一起的梨树。它们是从一个根系上生出的分支，在此后漫长的时光里，它们也一定这样依偎在大地上，树根缠绕着树根，枝干环拥着枝干，树叶亲吻着树叶。风穿过茂密的树林，发出天籁般细微的声响。

一棵梨树与另一棵梨树在舞蹈，我注视着风中雀跃的枝叶，忽然这样想。这是爱的舞蹈，在辽阔的北疆大地之上，在拥挤的丛林之中，它们忘记了尘世的一切，指尖触碰着指尖，身体缠绕着身体。风从肌肤上滑过，一只鸟儿惊起，尖叫着冲上云霄。树木、花朵、昆虫、鸟兽，皆在这一浪高过一浪的潮水中，静寂无声。

我想起在校园里，曾经看到的一株占据了半个草坪的奇特柳树。确切地说，那是三株柳树，只不过它们的根基来自同一个母体。每一株柳树，都需两三个人才能合抱。它们几乎成了这片草坪上唯一的主人。其中的一株，在一场风暴中倒地，粗壮的枝干便紧贴着地面，向前顽强地生长。它就这样匍匐在地上，枝繁叶茂地度过了许多年。没人能够说出这株大树是哪一年植下的，或许学校还没有建成的时候，它就已经根深蒂固地盘踞在这里，成为一方霸主。以至于人们敬畏自然的威严，小心翼翼地在其中一个倒地的粗壮枝干下，撑起一根木头，让它靠近地面的身体，能够时时有风自由地穿过。

回程的路上，近郊一大片桃树林里，忽然看到一只野猫，在两排桃树中间的空地上，昂首挺胸、闲庭散步般地走着。树隙间洒落金光点点，它的毛发犹如太阳照耀下的汪洋，波光粼粼。那一刻，这片郁郁葱葱的桃林，成为它的王国，一排排桃树则是威严的士兵。夏末的风吹来，树叶哗哗作响，仿佛一首舒缓的奏鸣曲。那只野猫，就这样慢慢走着，不关心尘世喧哗，不关心呼啸而过的车辆。那一刻，它高贵的灵魂里，流淌着一条自由奔放的河流。

此刻，我坐在书桌旁，写下这些文字。窗外有一只鸟，正站在初秋洒满阳光的榆树上，朝着天空发出一阵空寂的鸣叫。那叫声大约震动了簇拥的云朵，于是我一转身的工夫，窗前便换了另外的一簇。它们看上去比之前的更飘逸了一些，犹如并蒂的金银花，在那无尽的洁净的空里，无限地延伸下去。似乎，它们已经失去了形体，只留下空灵的魂魄，以圣洁的白，漂浮在苍茫宇宙之中。

我听见秋天的脚步声，在北疆大地上响起。

精彩赏析

文章开篇点题，统领全文，不仅突出文章中心，而且给读者留下深刻印象，增强文章的吸引力，引出下文。本文以作者的视线和行进路线为顺序，描绘了夏季结束、初秋将至时所呈现出来的不同的景色。"一株挂满果实的苹果树，在白桦树的对面静默无声地站着"，"一棵梨树与另一棵梨树在舞蹈"，"它就这样匍匐在地上，枝繁叶茂地度过了许多年"，文中运用拟人修辞，将每一种树木的特点表达得生动形象。

母亲的忧伤

心灵寄语

> 时代的烙印打在母亲的身上,可怜的身世、过早地失去了依靠、不完美的婚姻,给母亲带来了难以磨灭的忧伤。

母亲十六岁的时候,就失去了她的母亲,也就是我的姥姥。在嫁给外乡的父亲之后,并未得到期待中男人的温柔与体贴。父亲沉默寡言,又脾气暴躁,两个人吵架后,也从不肯主动地给母亲道歉,常常冷战很多天。

母亲的忧伤,就是从那个时候开始的。它影响了我,让我在父母吵架的时候,觉得孤独,找不到人倾诉,也不知道如何倾诉,于是只能在深蓝的天空下,躺在麦地里,或者西瓜棚里,一个人发呆,听着风在耳边呼啸而过,庄稼们不管我,兀自向上生长着。泥土是湿润的,好像从某个很深很深的地方,汲取着乳汁。牛在低声地哞哞叫着,不知道在呼唤谁。村子里的傻子在苹果园里被人逮住了呵斥,而母亲唤我回家的声音,也在青烟缭绕中传来。我知道那个时候的母亲,跟我一样孤独,所以她需要找到我,牵着我的手,传递一些温度给彼此。

我与母亲走着走着，就出了村子，而后沿着一条河，一直向东走，大约两个小时之后，会见到另外一大片的农田与村庄。而姨妈家的院子，则需要经过很多头牛，跟许多个或熟悉或不熟悉的人打过招呼后，才能够在村子的尽头抵达。

　　姨妈是个长得壮硕的女人，她有比母亲幸福的婚姻，母亲一连生了三个女孩，而姨妈则底气十足地连生两个儿子。更为重要的，是当小学老师的姨夫吃"国库粮"，领工资，跟父亲完全不在一个层次上。所以母亲在姨妈面前，说话便总是矮了三分。而姨妈则永远是一副骄傲的模样，嗓门也高，见母亲眼睛红红地进来，并没有好言好语，而是训斥道："天天吵架，也不知有什么好吵的？"母亲听了就哭，我也握着母亲沾满了泪水的手，跟着她哭，一边哭一边还在姨妈难看的脸色下，小心翼翼地哀求母亲："娘，咱们走吧，我想回家。"

　　等母亲哭够了，将吵架原委也给姨妈讲述完了，姨妈才会不耐烦地起身，去给我和母亲做饭。母亲总是立刻起身，劝说着姨妈不要忙碌，我们坐坐就走。姨妈虚让一两次，也就罢了，拿来一些点心，"打发"我和母亲。母亲将点心拿一片给我，而后再讪讪地说一些废话，见我吃完了，帮我抹抹嘴唇上的碎屑，便起身，说："走吧。"

　　我回头看一眼那些好吃的点心，有点舍不得，姨妈将点心收拾好，装入袋子里，让我们带上，而母亲却早已经拉着我出了院门，且任凭姨妈怎么喊破嗓子，也不肯回头再看一眼。我被母亲紧紧拉着，出了村子，绕过树林，再穿越一条干枯的河流，这才能喘口气，我问母亲："姨妈是不是不喜欢我们？"母亲的眼泪又被我弄出来了，她总是有如此丰盈的眼泪，到而今老了，依然如此，好像她的身体里有一条奔腾不息的河流,只要生命不止,河水也永远不会干枯。母亲无声地哭了一会儿,才抚摸一下我的脑袋,说:"是啊,姨妈不希望我们留下来,让她心烦,所以我们还是回家吧。"我又问:"回家爹再打你怎么办呢?"母亲忽然不出声了,她只是拉着我,飞快地走着,走着,好像我们忽然间有了翅膀,能够将那个代表了羞耻与伤感的村子,不留痕迹地丢在后面。

这样的孤独,像地上的野草,即便是用了除草剂,也从未灭绝过。我在父母的争吵声中,一天天成长,知道有些事情无法改变,可又不能停止痛苦与挣扎。就像故乡,它一直都在那里,没有消失,也生生不息地孕育着悲欢离合,或者,催生着新的不完美的婚姻,和某个孩子孤独的童年。

精彩赏析

文章开篇讲述了母亲不幸的身世和不幸的婚姻:"母亲十六岁的时候,就失去了她的母亲,也就是我的姥姥。在嫁给外乡的父亲之后,并未得到期待中男人的温柔与体贴。父亲沉默寡言,又脾气暴躁,两个人吵架后,也从不肯主动地给母亲道歉,常常冷战很多天。"母亲想去寻求同胞姐妹的帮助,反而加深了她的忧伤,当她明白姐妹也烦她时,内心更加苦楚。"母亲的眼泪又被我弄出来了,她总是有如此丰盈的眼泪,到而今老了,依然如此,好像她的身体里有一条奔腾不息的河流,只要生命不止,河水也永远不会干枯。"作者心疼母亲却又无可奈何,表达了对母亲深沉的爱。

▶ 预测演练三

1. 阅读《卖豆腐的人》，回答下列问题。（8分）

（1）简要概述文章标题的作用。（2分）

_____

_____

（2）概括文中狗剩的人物特点。（3分）

_____

_____

（3）文章叙述故事的视角很有特点，请简要赏析。（3分）

_____

_____

2. 阅读《孤独的黄昏》，回答下面的问题。（9分）

（1）为什么作者记忆中的秋天，是漫长无边的？（3分）

_____

_____

（2）为什么要把落叶比喻为风烛残年的老人？（3分）

_____

_____

（3）写大地变得开阔、寂静的目的是什么？（3分）

_____

_____

3. 写作训练。（60分）

走在放学回家的路上，你观察过路边的花草树木吗？你注意过和你擦肩而过的路人吗？是否在某一天发生过特别的事情或者遇到过特殊的风景？在你的想象中，你期待遇到怎样的人？发生怎样的奇遇呢？

阅读《夏日哀愁》，以"那天放学回家的路上，我遇见了……"为开头，自拟题目，写一个故事，字数不少于600字。

那些永不消泯的事物

● 心灵寄语

> 我在行走，欣赏着不同春色；春在行走，走过了不同事物。我向春天走去，将春的美景尽收眼底，让春光透进我的心房。春向春深走去，走向那些永不消泯的事物。

　　某一年，我坐在故乡的庭院里，倚在暖暖的墙根下，眯眼晒初春的太阳。父母都已出门。院子里静悄悄的，偶尔会听到一粒麻雀的粪便，啪嗒一声，落在干燥的梧桐树叶上。风穿过树梢、瓦片、矮墙、香台，缓缓地落在阒然无声的院子里，并在一株桃树投下的影子上雀跃，发出轻微的嘶嘶的声响，犹如一条蛇，在树叶下寂寞穿行。

　　远远的大道上，传来女人们的笑声。但我并不关心这些。笑声被晒得暖洋洋的围墙，隔在了外面。我只关心高大的梧桐树，在深蓝的天空上划下的稀疏的印痕。它们是天空的血管，在公鸡的鸣叫声中，忽然意识到春天的降临，便将一整个冬天蕴蓄的能量，汩汩流淌而出。我在静默中坐着，似乎看到天地间有万千棵树，正伸展着粗壮的枝干，将血液从遒劲发达的根系，运送至每一个向着蓝天无限靠近的末梢。我的嗅觉拨开除夕的烟尘，闻到春天质朴又盎然的气息。那气息从小小的庭院出发，从开始显露绿意的杨树枝梢上出发，从一只探头又返身的蚂蚁触须上出发，从麻雀活泼的羽翼上出发，沿着小巷，向广袤的田野飞奔。那里，匍匐的麦苗正抖落满身的积雪，将厚重的墨绿，变成清新的浅绿。串门回来的老人，轻轻咳嗽着，折向自家的田地，犹如一个诗人，深情注视着此时正在苏醒的大地。他将在这片属于他的大地上，弯腰度过四季。而此刻，春天，四季的起始，才刚刚开始。

又一年，我在呼伦贝尔雪原上。天空飘着细碎的雪花，大地白茫茫一片，阳光静静地洒在苍茫的雪原上。人们在自家的庭院里进进出出地忙碌着。赶马车的人，从几公里外将干草拉回家去。高耸的草快要将他淹没了，但他依然慢慢地行走在雪地里，并不会因为零下二三十度的寒冷，便用鞭子抽打马匹，让它更快一些。我站在没到小腿的雪地里，目送穿着羊皮厚袄和及膝长靴的男人，赶着马车，缓缓地经过长长的栅栏，转过某户人家的红墙，而后消失不见。

如此天寒地冻的雪原上，却从不缺少肥胖的喜鹊。它们有时落在某只低头专心吃草的奶牛身上，一动不动地蹲踞在那里。奶牛从不抖动身体，驱赶喜鹊。奶牛习惯了夏天与蝴蝶共生，冬天与喜鹊相伴。因为它们都是这辽阔自然中的一部分，又似乎，它们生来就是相依相偎的爱人。

饭后无事，看着窗外，雪飘得小了一些，阳光依然安静无声地落满高原。没有刺骨的寒风，是一个好天气。阿妈便说，走，我们出去逛逛。

这听起来像是逛街。但事实上，雪原上没有什么街可逛。一切道路都被大雪覆盖着。夏天里偶尔会出现的小商小贩，早已不见了踪影。除了远远的公路上，偶尔会看到汽车穿梭而过，坐落在草原上的整个小镇，似乎在漫长无边的睡眠之中。

但在阿妈的眼中，这将整个小镇琥珀一样包裹住的天地，却处处都是让人欣喜的风景。春天距离这片大地，似乎还遥遥无期。但每年长达半年之久的冬天，并未让这里的生命停滞。一切犹如四季如春的南方，沿着千万年前就已形成的既定轨道，有序向前。

我们经过一片马场，看到成群的马正俯身从厚厚的积雪里，寻找着夏天被遗忘的草茎。它们在金子般耀眼的雪地上，投下安静从容的身影。一匹枣红色的母马从雪地里抬起头来，轻轻地蹭着身旁孩子的脖颈，并发出温柔的嘶鸣。它的毛发浓密茂盛，体型矫健俊美，并因这份由内而外的母爱，在晶莹下落的雪花中，散发出圣洁的光泽。当我们走远，无意中回头，看到它已消融在马群之中，犹如一滴水，融入汪洋大海。雪原在那一刻，洁净美好，犹如降临人间的婴儿。

路过铁轨，看到一只野兔嗖的一声从我们面前穿过，随即又消失在苍茫的雪原上，只有凌乱的脚印，昭显着曾有灵动的生命途经此处。阿妈说，有时候，在万籁俱寂的夜晚，还会听到狼叫。但狼并不像人类想象中那样可怕，牧民们习惯了它们的身影和苍凉的嚎叫。倒是圈里的羊，会下意识地打一阵哆嗦，相互靠得更紧一些。偶尔，也会有火红的狐狸，在杳无人烟的雪地上经过，并大胆地停住，朝着炊烟袅袅的小镇凝视片刻，大约知道人间的温暖，与己无关，便转身朝着雪原的深处奔去。

一路跟随我们行走的牧羊犬郎塔，因为呼哧呼哧地喘气，脸上已经结了薄薄的冰。在辽阔雪原上行走的人，因为一只狗的陪伴，心里便多了一份温暖。事实上，我和阿妈每每遇到一点儿来自自然的生命的印记，都会惊喜地互相提醒。比如一个空了的鸟巢，一株尚未涌动绿意的大树，孤独饮水的奶牛，驮着主人缓慢行走的骆驼，一两只结伴而行的羊羔，还有冒出积雪的草茎，枯萎但尚未飘落到大地上的花朵，人家篱笆上缠绕着的细细的藤蔓。这是大雪冰封中，距离春天最近的生命。一切都如冰层下的水，看似沉寂无声，却散发着生命古老又诗意的生机。

或许，在距离春天千里之遥的呼伦贝尔雪原上，恰是这样勃勃生命的存在，和自然中永不消泯的事物，鼓舞、激荡着人类，让人们在每年大地冰封的春天中行走，却可以保有勇气，一直等到荡人心魄的夏天抵达。

精彩赏析

在这篇文章中，作者以回忆的角度描写了故乡和呼伦贝尔冬末初春的景色。文章前两段讲述了故乡初春的景色，绿意盎然，一切都在慢慢苏醒；后面部分描写了呼伦贝尔雪原的景象，寒风呼啸，一片白茫茫，但春天的气息在涌动着。把故乡和呼伦贝尔的春天的情景进行对比，表明了不管身在何处，春的气息时时刻刻都荡漾在大地上。

有月亮的夜晚

🌸 心灵寄语

> 深蓝色的天空中,一轮明月散发出清冷而空灵的银辉,广袤的天地犹如披上了一层白纱,如梦如幻。这轮明月,是如此梦幻、如此美丽,想要把世界幻化为仙境。

十月末夜晚的闽西山区,重峦叠嶂如泼墨一般,与漆黑的夜色融为一体。

不知过了多久,我感到一丝沁凉的风,自车窗的缝隙中吹来。我慵懒地睁开眼睛,随即吃惊地发现,一轮硕大的橙红的月亮,正离我如此之近,似乎只要打开车窗,就触手可及。此刻,它宛若一个楚楚动人的少女,羞涩地躺在群山之间,将视线好奇地投向人间。人间有什么呢?似乎什么也没有——除了它自己洒下的漫山遍野温柔的月光。

此时的风,也是轻的,似乎怕惊醒了沉睡中的蜻蜓、鸟雀、松柏、湖泊。就连河流也静寂无声,像一只屋檐上的猫,穿越月光笼罩下的村庄和农田。如果酣眠中的大地也有梦境,那梦一定是柔软的、飞翔的、轻盈的,如花瓣般细腻光滑的。仿佛月亮有一支魔法棒,轻轻一挥,整个世界便瞬间陷入深深的睡眠。大地宁静,月光温柔,生命在睡梦中发出轻微的战栗。一切恍若死亡,这永恒的依然会苏醒的死亡。

我因这一轮清幽又热烈的月亮,想起了许多个有月亮的夜晚。

有一年,临近春节的冬天夜晚,我在北京五环外人烟稀少的地方,路过一小片树林。积雪尚未融化,一群乌鸦忽然扑棱棱飞起,惊落满树晶莹的白。月亮镶嵌在天窗上,从未离开。这是一片荒野,道路两旁高大的树木,在月光下静默无声。侧耳倾听,有风声自树梢上簌簌传来,仿佛一只无形的手,在轻轻拍打着什么。大大小小的鸟巢,像一团团幽静的暗影,栖息在高高的树干上。每一个巢穴,都是一个宁静的家园,有等待爱人的妻子或者丈夫,也有渴盼父母的嗷嗷待哺的婴儿。只是此刻,它们都睡着了,万籁俱寂,了无声息。只有车驶过不平整的马路,发出一声愧疚的颠簸。除此之外,便只有人细微的呼吸,在夜色平缓的流动中,怕惊扰了什么似的,蹑手蹑脚,进进出出。而月亮,则在长达两个小时的行驶中,一直透过天窗,将洁白的月光,洒落在我的左手上。我伸开掌心,注视着这一小片游动的水银,看它含着笑,那笑是清甜的、活泼的,像山涧的溪水一样,带着湿漉漉的凉意,沁入我的肌肤。我和开车的朋友,一路注视着这一小片月光,彼此微笑着,却什么也没有说。

还有一年,在成都湿热的夏日夜晚,我关了房间的灯,坐在二十六层的飘窗上,俯视整个灯火通明的城市。四周一片寂静,仿佛有一条星光璀璨的河流,正缓缓穿越整个城市。草木繁茂,雨水丰沛,桂花树在湿润的夜晚恣意生长。每一个角落里都是生命,拥挤的生命,密密匝匝的生命,尖叫的生命。就连野猫,也在天地间放肆地呼唤着可以一刻春宵的伴侣。而我，坐在高处，倾听着这一场人间的隐秘，仿佛一个通灵师，忍不住想要抬头仰望上苍。我就在那一刻，看到一轮浑圆的月亮，挂在高高的夜空中。

这是一轮贪恋人间烟火的月亮，所以它圣洁却又不失妩媚，娇羞却又不乏野性。每一点暧昧的月光洒落下来，都会导致一桩人间的引诱事件。于是，湿漉漉的夜晚，草木们想要一场可以放肆尖叫的爱情。昆虫们匍匐在茂密的草丛里，被月光撩拨得蠢蠢欲动，它们想冲破黑黢黢的夜色，飞到月亮上去。它们想大声歌唱，甚至举办一场声势浩大的大合唱。它们想生儿育女，繁衍不息。它们想在人类的睡梦中，完成生命的交接。岷江上的蜉蝣，此刻就在这撩人的夜色下，完成了它们存活于世的唯一的使命——婚配。就在短短的数小时内，它们浪漫地在江面上飞翔、歌唱、絮语、产卵，而后生离死别，永不再见。此时，桂花尚未绽放，枇杷早已上市，桃子鲜嫩欲滴，夜市上有人摇摇晃晃地走过。一只蜉蝣，却在月光下，尖叫着度过了它完美的一生。没有人听到它的叫声，犹如万千植物在潮湿中完成的爱情的宣言，也没有人听到。只有一个倚在高楼上的人，和一轮风情万种的月亮，无意中瞥见了这一场末世般的狂欢。

千百万年以来，一切都在发生变化。植物消亡，动物灭绝，人类死去，王朝更迭，但月亮，这将清幽的光遍洒荒野、草原、城市、村庄和古寺的月亮，这见证着人间悲欢、生命传奇的月亮，却始终一言不发。

\试卷上的作家

精彩赏析

　　文章以月亮为主题,通篇洋溢着作者对月亮的赞美之情。文中多处对月亮进行详细的描述,"仿佛月亮有一支魔法棒,轻轻一挥,整个世界便瞬间陷入深深的睡眠","这是一轮贪恋人间烟火的月亮,所以它圣洁却又不失妩媚,娇羞却又不乏野性","这见证着人间悲欢、生命传奇的月亮,却始终一言不发"这些描述运用了拟人、比喻的修辞手法,生动地写出了月亮的美丽,渲染了宁静柔和的氛围,烘托出作者美好的心灵。

大风吹过蒙古高原

心灵寄语

> 提起蒙古高原,让人印象最深的是每年春季的沙尘暴,可见这里的自然环境是何等的严酷和脆弱。但是大家不知道的是这里还有一片绿色的海洋。

午后,大风,带女儿阿尔姗娜去住处附近的"森林"。

这是我偶然间发现的一片居于市区的清静之地,属于林业局的树木繁育中心,对外免费开放。林区面积很大,慢慢逛完每一片树林,至少需要两三个小时。树木茂盛粗壮,一看即知,此片林区已有很多年的历史。遍地都是漂亮的松球,野草四处蔓延,不知名的鸟儿在枝头雀跃啁啾。因林区已形成良好的自然生态,树木可以独立生长,无须人工浇灌,于是过去修好的水泥沟渠,就废弃掉了,成为老旧却别致的风景,人行走在其中,恍若回到20世纪80年代的乡下。

阿尔姗娜像一只重返山林的鸟儿,在人烟稀少的树林里快乐地奔跑。她时而因发现了三株环拥的大树而兴奋,并指给我看。时而捡起隐藏在层层松针下的鸟雀的羽毛,欣喜地玩耍。时而四处捡拾杨絮，并细心地摘去上面的杂草，将它们小心翼翼地放入兜里。时而又采下一朵蒲公英，噗的一声，将它们全部吹走。时而又叫喊着，让我看草丛里蹁跹飞舞的蝴蝶，风中疯狂起舞的大树，天空中自由舒展的云朵。甚至一只蚂蚁，一片蜘蛛网，一朵米粒大小的花，一根枯死的树干，被风刮断的树枝，都让阿尔姗娜发出惊呼和由衷的赞叹！

这片林场，不知是没有太多宣传的缘故，还是城市里的人们早已忘记了自然的美好，以至于一路只看到六七个人在林中散步。不过这反而让我欣喜，仿佛这片森林独属于我和阿尔姗娜。我真想仔细地看清每一棵树，记住它们深沉的双眸，记住枯死的树干上秘密一样隐匿的木耳，它们是大树的双耳，代替死去的树木，重新倾听世间的风声雨声。没有一棵树是相同的，每一棵大树，都是一片汪洋。它们世代栖息于此，自成一个无人打扰的静寂王国。而我和阿尔姗娜，不过是恰好从这里路过。

我们只带走了遗落在地上的松球、杨絮、羽毛和松针。阿尔姗娜试图采走一片树叶，我阻止了她："等我们下次再来，你就能看到它依然生长在这里。"我这样告诉阿尔姗娜。

而在此时，我和阿尔姗娜几天前刚刚离开的呼伦贝尔草原上，黄昏还没有来，草尖上却早已浮起了露水。在庭院里站上片刻，湿漉漉的凉意便化作清幽的小蛇，沿着脚踝冷飕飕地向上爬去。暮色中与阿尔姗娜沿着河流走上一会儿，会偶遇一两只孤独的飞鸟，在河岸上空久久地盘旋着。风沿着辽阔的草原吹来，吹得人心起了苍凉的褶皱。奶牛们拖着膨胀的乳房，蹚过冰凉的河水，列队朝家中走去。小镇上人烟稀少，偶尔有男孩驾驶着摩托车，风驰电掣般穿街而过。

相比起羞涩的春天，热烈的夏天，我更喜欢蒙古高原上的秋天。劲烈的大风吹去枝头的绿色，大地重现寂静孤独的面容。收割完毕的土地上，泥土裸露，秸秆零落，放眼望去，一片荒凉。接下来的半年，塞外将被大雪层层裹挟，一一冰冻。生命隐匿，大地荒芜。也只有此时，蒙古高原才向真正懂得它的世代栖息于此的人们，展现最为凌厉也最为诗意哀愁的一面。

又想起去年的秋天，我前往鄂尔多斯高原，在沙漠中行走。大风席卷着云朵，吹过浩瀚无垠的沙漠，并在这条汹涌澎湃的大河上，画出春天般的绚烂花朵。秋天的沙漠腹地，犹如浩荡的海洋，是另外一种壮阔的美。细腻的沙子恍若遍洒人间的金子，在高原的阳光下熠熠闪光。天地间满目耀眼的金黄，除此之外，便是与沙漠遥遥接壤的宝蓝。风呼啸着吹过来，卷起漫天黄沙，人被裹挟其中，渺小犹如尘埃。只有低头在沙漠中行走的骆驼，会用温暖的驼峰，向人传递着可以慰藉漫长旅途的温度。它们长长的影子，在黄沙中缓缓地向前移动，不疾不徐，枯燥却又有无限沉稳的力量。没有起伏的平静喘息，伴随着声声驼铃，在永无尽头的单调色泽中，一下一下撞击着人心。

没有什么生命，能够比这存在了亿万年的洪荒大地更加永恒。即便在二连浩特的恐龙家园，那些长达 40 米、重达上百吨的庞然大物，曾经在蒙古高原上栖息繁衍，可是最终，也在这里彻底地绝灭。只有永无休止的大风，带着亘古的威严，从凛冽的寒冬出发，向着万物复苏的春天，浩浩荡荡，长驱直入。

\ 试卷上的作家

精彩赏析

　　文章讲述了一个大风天作者带着女儿去树林游玩。文章第一段,"午后""大风""带女儿""森林"只用了几个词语就交代了事情的脉络。"阿尔姗娜像一只重返山林的鸟儿,在人烟稀少的树林里快乐地奔跑",运用比喻的修辞手法,把女儿比作一只鸟儿,既写出了女儿对大自然的喜爱,又衬托出树林的景色迷人。整篇文章洋溢着作者对蒙古高原的热爱,以及对生命的细腻而深入的体悟。

在海边的一个下午

心灵寄语

> 在摄影作品中我们常常会看到这样的画面：无边无际的海滩上，一个人俯身在捡拾贝壳，天上漂浮着云彩，远处激溅着浪花……可见海边是人人向往的地方，大海承载着许多人的梦想。

女儿阿尔姗娜一进大连自然博物馆，看到重达66.7吨、身长17米的黑露脊鲸，赫然出现在眼前，就兴奋地尖叫起来。在她有限的五年人生里，她很多次在纪录片里，看到代表着神秘海洋世界的庞大鲸鱼，她的房间里也摆满了各种鲸鱼鲨鱼的玩具，可是，与一条鲸鱼面对面相遇，还是她人生中的第一次。尽管，这只是一个标本，可是，让人惊骇的巨大体积，还是让小小的她，瞬间震动。

海洋与陆地的比例是7∶3，相比起可以脚踏实地的陆地，我对海洋始终充满了敬畏与惊骇。曾经在三亚潜水，海面之下永无边际似的黑暗，完全超出我的想象。可是，成千上万的鱼类，就在这黑暗的世界里，比人类还要长久地活着。海面是它们仰望时碧蓝的天空，海底则是它们可以触及的大地。这是人类尚未完全了解，也不可能完全了解的神秘区域。犹如天空之于飞鸟，森林之于猛兽，海洋是鱼类一生栖息的家园。在我们这个地球上，生活着150多万种动物，40多万种植物，20多万种微生物，而人类不过是其中的一种，我们并不比其他生命高贵或者优越多少。就像4亿年前，鱼类就已经出现，而人类则是在几百万年前，才有了生命的踪迹。

在贝壳博物馆，读到一段浪漫的爱情故事。在苍茫的大海中，生活着一种俪虾，幼年时，它们常常一雄一雌游进多孔的玻璃海绵体中，依靠流经的浮游生物为食。随着它们身体变大，最终无法游出海绵体，便一生与爱人居于此处，成就"偕老同穴"的海洋佳话。

这是海洋里的爱情，以人类目前的认知，尚无法完全了解神秘的海底世界。或许，我们永远也无法真正地懂得这些庞大或微小的生命。就像一个人，永远无法真正地懂得另外一个人。或许，像孩子一样，震惊于这些海底生命的伟大与神秘，才是我们真正应该呈现的表情。

逛完贝壳博物馆，又租了一辆车，让司机带我和女儿沿大连的滨海大道环行一圈。相比起去博物馆，无疑这是最为立体直接的方式，了解大连这座城市。因为冬天，路上行人稀少，但也因此，能够体会大连的静谧之美。

在我去过的城市里，似乎很少有像大连这样维持着美好的生态环境。只是看路边大树上，一个接一个的鸟巢，就知道这里的自然环境，对鸟儿有多大的吸引力。在途经老虎滩的一段海面上，竟然看到密密麻麻的海鸥，在海面上栖息。而在上空，还有更蔚为壮观的鸥群，在自由地翱翔，欢快地鸣叫。隔着车窗看到这蓬勃的生命，人忍不住会有种冲动，幻想自己也生出翼翅，冲上蓝天，与它们一起酣畅地飞翔。

冬日的大海，因为没有游人的打扰，在温暖的阳光下，犹如一个沉睡的婴儿，或者千年的琥珀，在大地温柔的怀抱中，安静闪烁着光芒。大风吹动山林，发出猛兽咆哮般低沉的响声。但深蓝的大海，却如修行的佛陀，有八风不动的从容与安定。只有细细的波纹，昭示着撕扯着树木和行人的风，在更为强大的对手面前，也有温顺无助的面容。即便是17级的飓风，也从未撼动过一个海洋，让它从这个世间消失，想想自然中的一切，真是奇特。人类或许永远也无法真正地弄明白，一片汪洋大海在亿万年间，曾经有过怎样沧海桑田般的巨大变化。而让海洋成为海洋本身，不去破坏，不去打扰，不去过度地索取，或许，才是人类与自然和谐共生的真正方式。

如此，海洋才会向人类呈现它的静寂永恒之美。人类也才能从中静观自我，获取生命的启示。

忽然想起森林动物园里，一只好奇地靠近女儿的羊驼，它的眼睛如此澄澈，又那样寂静，犹如面前这片深蓝色的海洋。

精彩赏析

这是一篇游记类散文。讲述了作者带女儿去海滨城市大连的见闻。文章开头写道，女儿看到重达66.7吨、身长17米的黑露脊鲸兴奋地尖叫，可见女儿是多么喜欢大海，喜欢海洋动物。"冬日的大海，因为没有游人的打扰，在温暖的阳光下，犹如一个沉睡的婴儿，或者千年的琥珀"，这里使用比喻的修辞手法，把冬天的大海比作沉睡的婴儿和千年的琥珀，由此可见，大海在冬天的时候是多么的平静，没有了往日的波涛汹涌，也暗示作者喜欢在静寂中思考人生。

青山下

● 心灵寄语

> 秋天来了，你能听到空气慢慢变凉的声音，那细微的凉丝丝的气丝儿慢慢变薄，变淡，夏日的潮湿已经悄悄溜走，天空越来越远，越来越蓝。此时的大青山，树叶已经落下，野草慢慢变黄，一切是那么的美。

去附近的大青山，看望久已不见的秋天的树木。

夏天来的时候，这里风起云涌，气象万千，树木浩浩荡荡，在风中发出呐喊。今天再去，一切都变得开阔寂静，色彩分明。地上除了厚厚的松针、遍洒的松果、鸟粪，更多的是踩上去窸窣有声的落叶。红的黄的绿的落叶，在蓝天下犹如猎猎彩旗，绚烂多姿。一只俊美的喜鹊，踏着松软的落叶跳跃着向前。阳光透过清癯的枝干洒落下来，喜鹊额头一小片白色的羽毛，宛若耀眼的宝石，在秋天微凉的风里光芒闪烁，人无意中瞥见，会在它啁啾的歌声里，有闯入童话城堡的恍惚感。

夏天时枯死的树木，被就地砍下做成木凳，横卧在潮湿的地上，而埋在泥土里的那一截，依然眷恋着大地。人走累了，坐在树干上，眯眼晒一会儿太阳，会觉得一切世俗的烦恼，都像闹市的车马喧哗，被丛林层层过滤，而后消失不见。空气中只有人的呼吸，在轻微地颤抖。黑松、白桦和杨树的香气，从脱落的树皮上缓缓溢出，又溪水一样浸润了一整片丛林。

路上遇到三名北京林业大学的研究生，来这里取泥土样本，并观测树叶湿度。这真是一份有趣的工作，不必与人产生交集，每日只跟大地和树木对话，熟知每一抔泥土，每一株树木，甚至每一片落叶，仿佛它们是静默的朋友，什么也不说，只在阳光下彼此注视，便可以相伴度过漫长的人间岁月。

此时的大青山，萧瑟寂寥，又明亮寂静。世界变得开阔疏朗，仿佛群山后退了几千米，树木消失不见，大地一览无余，只有茅草在深蓝的天空下自由地飘摇。因了它们轻逸的身姿，面前的荒山也平添了几分灵动雀跃。大地上没有任何的阻碍，秋风将一切都扫荡干净，以至于人一声轻微的咳嗽，都能听到回音自对面的山上传来。鸟儿轻灵的叫声穿透山野，抵达人的耳畔。阳光是透明的，带着某种干枯植物的香味。光线洒落在轻而薄的草茎上，可以看到纤维一节一节地向上延伸。

地上满是厚厚的落叶，草的身影都快看不到了，人走在上面，只听见窸窸窣窣的声响。这声响让世界变得愈发地安静，以至于我似乎可以听到一只正打算冬眠的虫子，被我的脚步声打扰，嘟囔一句什么，翻了一下身子，又继续沉沉睡去。

又见三五只喜鹊，在山坡上寻觅草籽。它们小小的脑袋在枯黄的秋草间不停地跃动，像在弹奏一首寂静的曲子，大地随之发出细微的颤动。风吹过来，草尖上洒落的夕阳、绛红的野果、飘落的树叶、松树的影子，也跟着跳跃起来。万物都在大地的怀抱中，静享这秋日最后的温柔。

一位老人骑三轮车载着孙子过来爬山。他有些耳背,看见我打招呼,一脸歉疚地指指自己的耳朵。于是我们彼此笑着点点头,像一缕风与另一缕风相遇,什么也没说,却什么都明白。他们已经走出去很远了,我还听到小男孩在大声地对老人说着什么。那声音像偶尔在山间响起的鸟鸣,掠过树梢,随后又消失在绚烂的晚霞中。

一切都被最后的光照亮。松针仿佛在天堂里,每一根都被涂抹成明亮的金色。白杨树干上长满了眼睛,夕阳穿过重重树木,落入这些上帝般洞穿尘世的眼睛里。每一株白杨的魂魄,都在即将消失的光里,屏气凝神,不安地震颤。

等到夕阳隐没,一切都笼罩在暮色中。一弯婴儿睫毛一样柔软轻盈的月亮,正慢慢在天边升起。我从未见过这样梦幻般的月亮,仿佛它只出现在今夜,仿佛它是全新的一轮月亮,仿佛它没有来处,也不知去向。它就这样在清冷的夜空上飘荡,一切喧哗遇到这圣洁的月光,都瞬间噤声。

返程中,在一个十字路口,看到无数的白杨落叶,正紧追着飞驰而过的车轮,仿佛它们在追赶即将离去的秋天,仿佛它们正在璀璨盛大的舞台上,永无休止地起舞。它们就这样在人类习以为常的一个十字路口,浩浩荡荡、无休无止地共同演奏出一场壮阔的秋天交响曲。

"它们是这个世间的精灵。"朋友看着这蝴蝶般轻盈的千军万马,平静地说道。

精彩赏析

　　这是一篇借景抒情类散文。作者描写了大青山秋天的景色。文章第一段"去附近的大青山，看望久已不见的秋天的树木"，交代文章的主线秋天大青山的树木。接着采用对比的手法，先回忆夏天去大青山时这里的景色是多么的迷人，再写此时大青山的景色，将二者做对比，把夏秋两季大青山景色的不同展现在读者面前，层次分明、一目了然。

在南方的日与夜

> 心灵寄语

> 成都是一座美丽的城市，它的美不仅仅在于这里风景迷人，更体现在美食上。走在成都的街头，你不仅能感受到这座城市迷人的风景，还能闻到飘在这座城市中美食的香气。

二月末的成都，已是春天，但出门走走，湿冷的天气，并不比北方暖和多少。

找了一辆小黄车骑行一段时间，手便有些冰凉。但白玉兰却早已在街头巷尾热烈地绽放开了。簇新的叶子犹如一盏一盏空灵的灯，点亮了沿街的树。人家的屋顶上，明亮的迎春花瀑布般倾泻而下，又在半空里带着惊讶，忽然间止了步。银杏树尚未发芽，但空荡荡的枝头，却已有了一抹隐约的绿意，在悄然流淌。山茶花在人家店铺的门口，安静吐露着芬芳，如果俯身去嗅，那香气会让人一时间失了魂般，呆立半天。沿着护城河生长的菖蒲，最是旺盛，遍地铺排开来，它们冷硬的叶子，犹如剑戟，高高地刺向半空。

南方的美，在这时节，不可言说。氧气被充沛的绿意一遍遍洗涤，吸入肺腑，让人心醉。北方的大道上，此刻依然荒凉开阔，南方却行人如织，慢慢热闹起来。但这种热闹，不是夏天挥汗如雨的稠密，是恰到好处的暖和轻。走在路上的人们，闲庭散步般地，安静踱着步。巷子里的猫猫狗狗，顽皮地一路小跑着，呼哧呼哧地喘着气，茂密的毛发里，散发着春天热烈的气息。

难得今天见到阳光，人们纷纷走出家门，喝茶或者去晒太阳。因为没有暖气，南方人对于阳光的热爱，北方人大约不能理解。但凡一出点儿太阳，大家就开心得好像中了百万彩票，呼朋引伴，赏花看水，轰轰烈烈，好不热闹。

南方似乎永远都是树木繁茂、生命旺盛的样子。阳光一出，每片叶子都近乎透明，每个角落，也瞬间闪烁光芒。就在一片浓密的树丛中，我还看到几只小松鼠，衔着捡来的松果，欢快地在大树间跳跃奔走，那光亮的毛发，在风中熠熠闪光，犹如柔软的绸缎。行人纷纷驻足，仰头注视着它们，眼睛里含着笑，好像这几只可爱的精灵，是上天派到人间的使者。

再走几步，又见一百年古树，竟被几株清秀挺拔的松柏，密不透风地团团围住，犹如相亲相爱的家人。道家讲，道法自然，大道无为。或许，像草木一样吸纳天地精华，自由自在地活着，也是人类至高的生命境界。

我也迷恋秋天的成都。细碎的云朵下，一切都是美的，轻的。空气中湿漉漉的，夹杂着甜蜜的花朵的芬芳，脸上的毛孔好像饥渴的小鱼，被清凉的风一吹，全都欣欣然张开了嘴，咕咚咕咚地汲取着甘露般的水汽。沿街走上一圈，见许多店主都会在门口摆一张桌子，边在秋风里吃着早餐，边享受着这让人神清气爽的好天气。店铺是否挣钱，反而并不重要，于是店铺的老板们大多慵懒地歪在竹椅上，抽一支烟，看着来来往往的行人，或者滑着手机屏幕。马路上秩序井然，骑共享单车的人，丝毫不用担心被汽车撞到，大街小巷，弯弯绕绕，曲曲折折，却都在既定的轨道上运行。

早餐在住处附近的小巷子里，找到一家小店，点了骨汤抄手和云南过桥米线，竟然好吃到要让我立刻爱上成都。小店质朴干净，正对巷子的走廊上，还放了三张小桌，我靠边坐了，边吃边看对面顺丰快递店的两个小伙子忙碌。一群穿了粉色制服、大约在足疗店工作的年轻姑娘，吃完汤面，嘻嘻哈哈说笑着走出。忽然间在这样烟火气的小店里碰到她们，有些惊奇，继而心里浮过一丝温柔，似乎她们是弄堂里每日出入的邻家女孩，素朴洁净，又喜欢热闹，追逐时尚，但在一日三餐上，始终保持了父辈的家常味道。

我听着她们的说笑声远了，才收回视线，看到瘦削的老板娘附送了一碗汤，还有一碟泡菜。我因了这一碟可口的泡菜，爱上秋风拂面的成都的清晨，也爱上这天府之国长乐未央的日与夜。

精彩赏析

这是一篇游记类散文，讲述了作者在成都的所见所闻。文章第一段直接交代了去往成都时的季节——春天。成都的春天，虽然有点冷，但是风和日丽，春意盎然，各种花木争奇斗艳。本文就是从不同的角度，描述了成都特有的风情和景观。其中重点讲述了成都的小巷、店铺和早餐，从而为春游者绘制出一幅川府小巷寻幽的图画。本文在写作上运用了插叙的手法，回忆了成都的秋天，并采用拟人的修辞手法，把成都秋的美丽展现在读者面前。

预测演练四

1. 阅读《有月亮的夜晚》,回答下列问题。(7分)

(1)下列各句中的破折号,和文中第二段破折号作用相同的一项是(   )(3分)

A.不早不迟,偏偏要在这时候——这就可见是一个谬种!

B.比什么都慌,比过新年,娶新——也没见他这么慌过!

C.我看你的性情好像没有大改——鲁贵像是个很不老实的人。

D.瞧,日本人多凶——可日本投降了!八年的占领,真够长的!

(2)文章第二段这样写有什么好处?(4分)

2. 阅读《在南方的日与夜》,回答下列问题。(12分)

(1)成都的春天有哪些特点?概括一下。(4分)

(2)文章最后一句包含了作者怎样的思想感情?试分析一下。(4分)

（3）文章的题目是《在南方的日与夜》，为什么主要介绍的却是成都？（4分）

_____
_____
_____

3. 写作训练。（60分）

　　每个人都向往大海，每个人都喜欢大海的广阔。大海是心灵的避风港。

　　阅读《在海边的一个下午》，以大海背景，写一篇海边游记。文章注意细节描写，写出大海的特点，写出自己的所见所闻、所感所想。文体不限。字数：600~1000。

牧 歌

心灵寄语

> 生命不在于长短,而在于是否有意义。就像蝉一样,在有限的生命里放声歌唱,歌唱它们短暂却幸福的时光。

女孩牧歌像一只误闯入房间的蝴蝶,光脚踩着地板上的阳光,欢快地奔来跑去。

她嘴唇青紫,脸色苍白,跑几步便停下来大口大口地喘气,好像刚刚经历一场艰难跋涉。因为唐氏综合征,五岁的她只有三岁孩子的身高,五官则似永远不会绽放的花朵,皱皱巴巴地蜷缩在脸上。这张小脸看上去有些扭曲、丑陋,好像上天随手扯了一块软泥,漫不经心地捏出来,丢到了人间。每个见到她的人,都会忍不住担心,这张不讨人喜欢的脸,将来如何在漫长的人生中,躲过外人的好奇、轻视、鄙夷甚至排斥?

这样的担心,显然是多余的。天生的心脏病和肺部缺陷,让她在人间的期限即将结束。两天前,她的父母和奶奶带着她,从牧区乘坐火车,千里迢迢抵达我所居住的省城,准备接受北京专家的免费心脏手术。最终,他们排队等来的,是牧歌不仅不能手术,而且很快将离开这个世界的宣判。五年来，时不时就生病住院的牧歌，给家庭带来沉重的负担，家里一次次卖牛卖羊，为她奔波治病。或许，他们坚持了太久，有些累了，所以医生的宣判，并没有给他们带来太多的悲伤，似乎这只是一次习以为常的诊治。在死亡抵达之前，牧歌依然是给全家带来快乐的天使。尽管，她长得不美，至今连一句话也不会说，又在上千个夜晚，因为喘息困难无法入睡，用尖锐的哭声折磨着全家每个人的神经。

此刻，这一切尘世的忧烦，在牧歌心里没有引起任何的波澜。她已被人生的第一次外出旅行，完全地吸引住了。世界在她这里，忽然打开奇特的画卷。一株来自塞外的瘦弱的小草，无意中闯入了大城市，见到琳琅满目的橱窗，熙熙攘攘的街道，她小小的心，被热烈的火焰瞬间点燃。她拖着疲惫的身体，用一颗破损的心脏，感受着这个城市席卷而来的力。她啊啊地喊叫着，说不出一个完整的词语，但她蜗牛一样蜷缩的耳朵，却可以听见任何奇妙的声响。

大人们一脸忧虑地注视着生命即将逝去的牧歌，她却将这样的关注视为对自己莫大的鼓励，于是她绕着沙发、餐桌、书柜、玩具，猫一样灵巧地旋转，起舞，飞奔。不过片刻，她苍白的额头上便浮起一层细密的汗珠，阳光落在上面，仿佛落在白色的沙滩上，熠熠闪光。那光让她看上去有了一些生命的欢愉，人们便暂时忘了活着的烦恼，重新回到日常的轨道，絮絮叨叨地提及她能吃一碗米饭，喜欢喝营养快线，爱吃土豆，厌倦肉食。她不会说话，时常因无法表达内心所想而脾气暴躁，并将玩具扔得遍地都是。她也没有伙伴，见邻家孩子来玩，便心生恐惧，啊啊叫着逃走。她短暂的一生，永远不会与幼儿园结缘，却喜欢隔着铁门，看与她同龄的孩子们在秋千上荡来荡去。草原上吹来猎猎大风，她孱弱的身体犹如草叶，只微微晃动着吸入一些洁净的空气，便重新陷入了孤独。

其余更漫长的时间，牧歌都跟妈妈在简朴的出租屋里度过。这是为她遮风避雨的温暖的家园，她生于此，也会在不久的将来，从这里离去。在死亡抵达之前，她依然是一只翩翩起舞的蝴蝶，在沙发上快乐地爬上爬下，将客厅里的摆件逐一拿起来把玩，把书柜里的书好奇地翻了又翻。她还从来没有读过书呢，她一个字也不认识，那些蝌蚪一样跳跃的蒙文和汉字里，究竟隐藏了怎样的秘密，她并不知晓。那些汪洋一般浩繁的知识，与她的一生毫无关系，她不需要了解它们，它们也永远不会记住牧歌——一个在我们的星球上稍纵即逝的天使。她带着疼痛的躯壳，在人间磕磕绊绊走过短暂的五年，无数漆黑的夜里，常常因为昏厥，给家人带来无尽的对于死亡的恐惧，而当黎明抵达，痛苦驱散，她欢快奔跑的柔软的身体，又让家人重新燃起活着的渴望。

正是春天，泥土蓬松湿软，植物根茎弥漫着草木的清香。鸟儿在窗外高大的榆树上啁啾鸣叫。天空蓝得耀眼，大片的云朵簇拥在窗前，朝着春光满园的人间好奇张望。一只小狗在风中发出欢畅的叫声，无数蛰伏在地表深处的小虫，慵懒地睁开眼睛，注视着新奇的世界。这是万物复苏的季节，生命从腐烂的躯壳中重生。一切旧的事物，都焕然一新。阳光遍洒街巷，将所有灰暗的角落一一照亮。

而牧歌，一朵尚未绽放的花朵，却要在这样的春光里枯萎了。只是此刻，死神还没有抵达，人们便愉快地欺骗自己，以为它永远都不会来。于是大人们继续说说笑笑，逗引着她，将所有能让她快乐的玩具，统统送到她的面前。她干枯的小脸，在亲人的关爱里泛起点点的红。这红如同春天落在嫩芽上的一抹光，照亮了小小的孩子，也照亮了人间的哀愁。

那一天到底何时会来呢？人们不愿去想，牧歌更不会关心，她还完全不懂生与死是怎样的一件事。她来自尘埃，在人间漂浮了短短的一程，又将重新化为尘埃，消失在浩瀚无垠的宇宙。或许，她会变成一颗闪亮的星星，只要思念她的人们抬头，就会在夜空中分辨出独属于她的微弱的星光。

那时，小小的牧歌将不再频繁地出入医院。她弱不禁风的身体上，也不会再布满针孔。她更无须一次次惊恐地打着手势，告诉家人，她不想打针，不想吃药，不想走进医院。她将疲惫又幸福地在星空中闪烁，就像天使注视着人间。

而此刻，她依然快乐，仿佛世间只有永恒的生。

精彩赏析

文章题目直接以故事主人公的名字"牧歌"命名，简单明确，重点突出，给人留下深刻的印象。作者在首段先是运用比喻修辞，将女孩比作误闯入房间的蝴蝶，生动形象。然后通过动作描写，塑造了一个活泼、欢快的女孩形象，同时为后面的转折埋下伏笔。作者在文中更是多次运用动作描写、细节描写等手法，将女孩患病后的状态、发病时的痛苦，以及家人的忧虑，一一呈现在读者眼前，着实令人悲伤。但悲痛和惋惜都不是故事传达的重点！故事想要着重表达的是女孩在有限的生命中对生活的热爱，她外出旅行、在房间起舞、看着同龄的孩子荡秋千……牧歌从未放弃生活，甚至生命，她在短暂的生命中所散发的光彩和希望，鼓舞和激励着每一个人。

月光下的白茶园

🌸 心灵寄语

> 一眼望去，仿佛茶园铺了一层厚厚的绿色地毯。一阵微风吹来，一股淡淡的清香沁人心脾，令人陶醉。这时，茶园里传来了采茶人的说笑声。

秋天的夜晚，我在月光下喝茶，一杯馥郁甘醇的白牡丹。

这杯白茶生长在南方无人的荒野。我曾途经，看一株株高低错落、远离人烟的白茶树，如何在云雾缭绕的群山中隐匿、消失，又在一条溪水的尽头忽然闪现。

这是一个让人昏沉、枯坐的酷暑。车在山路上穿行许久，都没有抵达期待中的白茶园。只见连绵起伏的群山将人们重重包围，所有生命都仿佛化作古老的茶树，陷入永恒的没有尽头的丛林之中。只有山中居住的神仙，可以飞到缥缈的云端，或遁入茂密的山林，看清大地上的飞禽走兽，或蝉鸣中辛苦劳作的人类，他们如同紧贴泥土的蚂蚁，永无休止地搬运着粮食，储存着日复一日的梦想。

不知行经多少高耸入云的山峰，穿过多少漫长无边的隧道，昏睡中睁开眼睛，发现自己已经置身磻溪镇的湖林村，一个家家户户都在为茶叶忙碌的村庄。

正午，蝉声大作，走在湖林曲折的街巷上，见商铺的货架上全都摆满了茶叶。从白毫银针到白牡丹，从寿眉到老白茶，再到荒野冬片，所有茶叶汇聚在一起，散发出幽静的花香、清甜的果香，或者沉郁的草药香。于是在憋闷的燥热中，有了一丝溪水浸润后的沁凉之气，缓缓漫过群山环绕的小小村庄。商铺里进进出出的全是人，买家与卖家皆不着急，北方巷子里常见的急吼吼的赤膊大汉，在这里寻不到踪影。仿佛人也化为一株荒野中的白茶，在人迹罕至的山林，默默吐纳着芳香。

就在周鼎兴茶号的祖屋"源头里"，人们碰到年轻的周朝端。他质朴的微笑和敦厚的个性，让人很难想象，他的先祖周翼臣曾经在1915年远赴美国旧金山，带着精心制作的"白毫针叶"参加首届巴拿马万国博览会，并荣膺金奖。这百年的荣光竟然从未在他的举止间留下骄矜，仿佛一杯白茶洗净了历史的铅华。他在祖辈俯身辛勤的劳作中，化作万千茶园中朴素的一株，沐风栉雨，生机勃勃。

庭院古朴素净，历经百年风雨，依然完好地保持了南方园林的典雅之美。庭院的水塘里、竹匾上、瓦片间、竹林中，盛夏的阳光如雨点一样落下，噼啪作响。人站在瓜架下，仰头看到青瓜在浓密的茎叶间闪烁光芒。它们秀气的影子落在菜畦里，那里正有一只彩蝶翩翩飞过。

没有风，门前爬满青苔的古老红楠树纹丝不动，只有蝉隐匿其间，发出让人无处可逃的嘶鸣。一行人跟着年轻的茶号主人，沿着荒草丛生的小路向上攀爬，去看山中的茶园。路的两边，茅草谦卑地伏向大地，但万杆绿竹杂错而生，将人们看向茶园的视线完全挡住，仿佛前方是无尽的山林，深邃而又神秘。除了飞鸟可以知晓光亮的出口，所有人都将迷失其中。

但五千亩茶园那沉郁的香气，已在山野中缭绕了几十年。这日日升腾的草木的芳香，吸引着人们，一步一步抵达烈日下的丛林。

采茶人顶着遮阳的斗笠，在黄昏的湿气浮起之前，低头赶着采茶。每一片茶叶即便离开了枝头，在晾青、萎凋、干燥的过程中，照例会被采茶人的双手悉心呵护，不炒不揉，始终保持昔日阳光下天然的光泽。晨昏的翼翅温柔掠过，留下了深沉的梦境，浸润沉睡中的叶片。

每一片茶都将拥有三次生命。一次在万物复苏的春天，每一株茶树与野草、稻谷、芦苇、松柏、竹林一起，尽情沐浴着和风细雨，吸吮着天地精华。一次在洒满阳光的竹匾上晾晒，它们祛除生命的冗余，将轻盈的魂魄凝结成沉睡的琥珀。一次是它们长途跋涉，从湿热的南方抵达辽阔的北方，在小巧的白瓷杯里，被知己夜晚的清谈唤醒。忆起南方洒满月光的茶园，也曾这样与无数同伴簇拥枝头，轻声细语，于是它们热烈地苏醒，化作让人沉醉的精灵。人们在一杯茶荡涤肺腑的瞬间，由衷地发出赞叹。

途经湖林的旅客早已散去，年轻的茶号主人依然在他的茶园里，为一杯茶而不息劳作。就在与朋友即将各奔东西的夜晚，雨水打湿了整个的南方。我想起那条通往茶园的荒野中的小径、热浪下窸窣作响的竹林，还有容颜粗糙的妇人俯身采下一片嫩茶，轻轻放入篮中，仿佛它是刚刚诞生的婴儿。我还想起山中一闪而过的溪流，恍若天上瀑布飞流直下，并提醒着大地上奔走的人们，生命不过是一场热烈的奔赴。这就像一杯白茶，奔赴人间的知己。

于是我向朋友提议，不如我们喝一杯茶吧。在这样细雨淅沥的夜晚，一杯与杂草灌木为邻、山风雨露为伴的荒野白牡丹，当然是最好的选择。热气氤氲中，杯中白茶徐徐散发的香气，仿佛雨中桂花，扑簌簌地落了一地。空气中到处都是湿漉漉的甜香，就连人的衣裙上、唇齿间，都沾满了花香。人在一杯茶里慢慢醉去。日间的浮躁被雨水洗净，群山寂静。那里正有无数的荒野牡丹，隐匿在杳无人烟的山林深处，日复一日地等待，只为等来那个给予它热烈灵魂的人。

就在即将离去的雨夜，它终于抵达我与朋友的身边，让我们一次次举杯，让我们在沉醉中什么也没说，却又仿佛说了一生一世。

夜已经很深了，一轮皎洁的月亮，依然挂在我的窗前。我喝罢一杯荒野牡丹，想起那片曾经过的茶园。我知道它依然还在那里，就像清澈的月光，千百年来照亮了北方苍凉的大地，也照亮了南方寂静的白茶园。

我在这浓郁的思念中，枕着秋天清凉的月光，沉沉睡去。

精彩赏析

"秋天的夜晚，我在月光下喝茶，一杯馥郁甘醇的白牡丹。"文章首段用精简的一句话呼应标题，交代故事的主要对象，同时描绘了一幅一人在秋月下品茶的美好画面，营造了一种轻松自在、悠闲自得的氛围，为全文定下情感基调。作者在行文中多次运用比喻、拟人等修辞手法，比如"他们如同紧贴泥土的蚂蚁，永无休止地搬运着粮食，储存着日复一日的梦想"一句将人们追求梦想的过程具象化，生动且形象。作者从白茶树讲到茶叶的来源和制作，再讲到白茶园，以及与朋友品茶，其间多次运用细节描写和景物描写，将人、物、景的特征细致入微地展现了出来，借轻松、悠闲的意境表达作者对白茶园的怀念。

闲云乐山

🌸 **心灵寄语**

> 独自一人,置身青山绿水之间,与清风明月相伴,听鸟语闻花香,在一小木屋中静静冥想,喜怒哀乐皆是自由,身心皆是无忧。

开学典礼,博士乐山坐在小马扎上,世外仙人一样,边啜饮着一小瓶酸奶,边视线飘忽地仰头看操场上空云朵的画面,大概再过去三十年也不会从我的记忆里消失。对了,他还穿着公园里练习太极拳的大爷们常穿的白色对襟大褂。那衣服肥肥大大的,或许是他太瘦太仙了,于是整个人便在衣服里飘荡着,好像一朵飘荡在天空上的无着无落的云。那云还很好奇,时不时地就停下来,探头到烟火味道浓郁的人间张望一会儿,看人类怎样蝇营狗苟。

乐山是书法专业的博士,也是某个流派创始人的关门弟子。我不懂书法,有时见乐山写的字,在学院大厅里展览,过去看上一会儿,瞅半天也认不出几个。但是却觉得练书法的,非得是乐山这样不声不响的游来荡去的闲人才行。否则人都飘逸不起来,赖在人间拼命地四处跑场子挣钱,这里一笔,那里一勾,怕书法也跟着俗了,拖着一袋子黄金珠宝一样，灵动不得，也飞升不得，活活累死在人间。

乐山是学院的元老级学生，本硕博都在同一个校园里晃来荡去。我怀疑他是学院门口一株盘根错节的梧桐，谁也赶不走他，更别想将他拔掉。他的根系足够发达，已与那些古老建筑、知名雕塑一起，成为校园的一个部分。我那时还猜想他毕业后会留在这所大学教书，后来这一伟大猜想，果真得以实现。于是，一辈子长在同一个校园的乐山，便成了我们奔赴北京时的根据地，只要北京城还在，乐山也便不会离开。他要跟这里的泥土啊、尘埃啊、大地啊，化为一体。

学院的顶楼是书法系的教室，两张很大的木桌拼在一起，上面只有一支笔、一个砚台和一沓厚厚的宣纸。书架上的书，有颜体、柳体、王羲之的字帖等。空荡荡的桌子上摆着一盆飘逸的文竹，除此之外，就什么也没有了。我怀疑在这样的教室里，长久地待着画画或写字，人会成为《搜神记》里的神仙，或者化身一只知了，趴在书桌上，悄无声息地就蜕了壳，而后一展翼翅，冲上云霄。

乐山有一颗童心，每一个认识他的人都这样认为。他一心沉浸在书法和绘画中，好像沉浸在游戏中的孩子，乐此不疲；外面的天光是怎样的，人群如何喧哗，似乎都与他无关。他只是明光村墙壁上的蜗牛，慢慢地朝着树叶漏下的天蓝色爬去。至于何时可以抵达，或是一起赛跑的兔子又怎样超越了他，于他，根本无关紧要。

那时大家除了忙学术论文，都在利用博士身份和人际资源去校外代课、写剧本、做策展、当主持，挣取外快。乐山出身优越，不用为了谋生计东奔西跑，但他却因写字、绘画的天赋和流派传人的声誉，总是有源源不断的外快可挣。单凭这一点，就足以羡煞我们这些急功近利的俗人。于是每次我急匆匆从教室出来，赶着去见某个出版社的编辑，总会碰到乐山慢悠悠从学院对面的小花园里走过来。那气定神闲的样子，让我怀疑他刚刚在旁边假山上打完一场黄昏的太极。

我于是冲乐山打招呼，问他最近在忙什么。

乐山则孩子似的咧嘴笑道："练字呗！"

我问橙子："乐山十年如一日地在校园里过着一成不变的生活，他就没有烦过吗？"

橙子与乐山是研究生时的同学，常常有看着他长大的错觉。不，在她眼里，乐山根本就没有长大过。母校像一个安全结实的蚕茧，他隐匿在其中，安静地听着外面呼啸的风声雨声，挥毫泼墨，写下一行行潇洒俊逸的诗句。有一类人，生下来就不再长大，即便读到了博士，再留校做了大学老师，他还是有一颗远离喧哗成人世界的心。他拒绝长大，也被时间善意地挽留下来。

乐山究竟在想什么呢？没有人知道，乐山也从来不说。好像，他即便做校园里的一只飞虫、一株小草、一朵流云、一片叶子，都无关紧要。他的生命，从一开始，就是闲云野鹤般的存在。他跟谁都不争不抢，也因这样的态度，在毕业后，得到了我们所孜孜以求的一切世俗荣耀。

精彩赏析

　　本文从第三视角阐述了书法专业的博士乐山不同于常人的天赋和智慧。文章首段运用比喻的修辞，将乐山比作云，"四处飘荡""无着无落"是云的特点，也是他人眼中乐山的特点，形象地塑造了一个无拘无束、悠然自在的"仙人"形象。"那云还很好奇，时不时地就停下来，探头到烟火味道浓郁的人间张望一会儿，看人类怎样蝇营狗苟"，此句又运用拟人的修辞，将云从天上俯瞰人类生活的姿态描绘得生动、形象，同时乐山的"仙人"形象也由此得到深化。文章首段对文章标题"闲云乐山"的"闲云"进行解读，点明文章主旨的同时，呼应文章标题，激发读者的阅读兴趣。

行走的蜗牛

● 心灵寄语

> 蜗牛正以一种无畏的姿态在慢慢攀爬,即使周围的一切都逐渐变得险恶,它也未曾放弃前进。它的乐观、勇敢、坚定,正把它一点点拉近到梦想的彼岸。

明光村的北门口,天长地久似的住着一对卖杭州小笼包的老夫妇。在我尚未入住之前,他们就已经在北京待了许多年。据说,他们用卖小笼包的钱,给儿子在老家县城买了房子,又娶了媳妇。除了过年,他们一年到头都待在北京,好像这里才是他们的家。但又明显地,他们从未眷恋过明光村。他们的脸上总是带着一种随时都可以离开另起炉灶的漂泊感,以及与所有来吃小笼包的顾客都是陌生过客的疏离感。他们的小笼包非常正宗,我吃过一次就上了瘾,隔一天不吃便很是想念。他们的米线和馄饨也无比美味,就是桌上的一小碟咸菜,不知为何,也比别家的更清香一些。

我每次吃小笼包都要几瓣大蒜,给老板娘说后,她从来不会像别家那样响亮地来一句"来喽",她只装作没听见一样,转身进屋,也不知在小而拥挤的店铺的哪个角落寻到了一头大蒜,皮早就干透了,轻轻一搓,就窸窸窣窣地掉下来。女人将蒜放到我的面前,依然一句话都没有,便去忙碌。

有手艺的人,总是有底气的,我如此总结这一对不讨好任何顾客的小笼包夫妇。

有时候,忍不住会对他们的冷淡生气,发誓以后再也不去吃了,就连附近地下一层拥挤的美食城,都比这里服务态度更好。

可是没过两天,我又忍不住,路过时被小笼包鲜美的味道撩拨着,挪不动腿。即便是绕着他们简陋的店铺走,女人将长而柔韧的米线,弯腰从夏天的铁桶里捞出来时,那水滴滴答答落在沸腾的热锅里的声音,也总在我的耳畔回响。我因此被诱惑着,恍恍惚惚地又迈开腿,朝明光村门口走去。

况且,哪个美食城是开在一株茂盛的大槐树下的呢!这跟"明光村"三个字,如此完美地契合在一起。想想,初夏的傍晚,坐在大槐树下,被清凉的风吹着,蘸醋吃着一小笼蒸包。这跟乡下的人,蹲在村口老槐树下,呼噜呼噜地吃一碗面条,有什么区别?不外乎一个是蹲着,看地上的蚂蚁抢剩饭吃,一个则悠闲地坐在板凳上,看风中来来往往的路人。这比挤在地下小吃城里,看人脑壳和屁股,不知要好多少倍!

所以我跟自己置气没两天,便放下颜面,又灰溜溜地走到他们的小吃摊上,自己抽出餐巾纸,擦擦落了一泡麻雀屎的板凳,假装从未发生过什么似的,叫一声:"老板,来一碗米线,外加半份小笼包。"

女人依然是淡淡的,好像没有听见我的话,连一个"哦"字也没有。但我知道不用催促,不过是五分钟,她或她的男人自会将我所要的准确无误地放到我的面前。

在吃到额头上浸出细密汗珠的时候，对女人的埋怨便随着汗水从体内全部蒸发，又被餐巾纸擦过后，丢进了大树下的垃圾桶里。就像他们从未记得我是谁一样，我也因这样家常朴质的美味，而在那一刻，原谅了他们的冷淡。

每天出出进进，我从未见过老夫妇的儿子来过。据说儿子和儿媳也在北京打工，因租住的地方太小，又每天忙碌不休，他们平日连见面的机会也很少有。在北京，有多少一年都不会见面的夫妇或者家庭呢？他们所有的打拼都是为了年底的那一场狂欢。但像小笼包夫妇这样的，其实狂欢也没有多少吧？他们如此沉默寡言，好像每日奔波的蚂蚁，在这个世间所有生存的意义，就是为了忙碌。

那是秋天，小操场上铺了薄薄的一层落叶，叶子是从院墙外飘进来的。夏天的蜗牛已经不知去向，只留下干枯的外壳，跟知了一起，挂在粗糙的石灰墙上。如果不是远远的明光村周围汽车鸣笛的声音，这样闲坐在窗前，看树叶飘落的时光，与古寺闲听钟声的静寂，没有什么区别。

我于是对同住一室的秋子说："等我老了，就搬去尼姑庵住，每天都是月落乌啼霜满天的美好自然，比做学术好多了。"

秋子笑道："不过我倒觉得，真正的隐士，都是在闹市里能够心中有静的人。比如……"

"比如明光村门口，那一对卖小笼包的夫妇。"我抢先一步脱口而出。

说完了，两个人忍不住哈哈大笑起来。

一片落叶，永远也不能打扰一只行走的蜗牛。尤其，是世间安静不语却内心笃定的蜗牛。

精彩赏析

本文主要讲述了作者与一对卖杭州小笼包的老夫妇的故事。作者以第一人称的角度讲述故事,虽平铺直叙、辞藻简洁,却情感丰富。文中多次运用神态、动作和细节描写,将作者和卖小笼包的老夫妇的状态、性格特点等,生动、具体地描绘出来,给人以身临其境之感。比如"灰溜溜地走到他们的小吃摊上,自己抽出餐巾纸,擦擦落了一泡麻雀屎的板凳,假装从未发生过什么似的","在吃到额头上浸出细密汗珠的时候,对女人的埋怨便随着汗水从体内全部蒸发,又被餐巾纸擦过后,丢进了大树下的垃圾桶里",将作者置气后回到小吃摊吃饭时的难为情与吃完后原谅老夫妇的情感变换惟妙惟肖地表现出来。文章结尾部分引出"蜗牛",与文章标题相呼应,同时表达并深化文章主旨,使文章主题得到升华。

策马经过自卑年华

● 心灵寄语

> 要爱惜自己的青春！世界上再没有比青春更美好的了，再没有比青春更珍贵的了。
>
> ——高尔基

人的记忆真是奇怪，许多年过去，我依然记得那一段并不闪亮的青春。那些细节历历在目，长在记忆的枝头，仿佛月光下静寂的树木，每一片叶子都在潮水般涌动的夜色中，散发着饱满动人的光泽。

十五岁，我考上了县里最好的高中，父亲用自行车带着我去学校报到。出村口之前，他推着车在村子的大道上慢慢地走，我跟在后面，和他一起向路上的村人打着招呼。父亲满脸都是笑容，这让他看上去年轻了许多。他被人问了许多遍，也骄傲地大声说了许多遍，他的女儿考上了一中，他要去送她上学，学费很贵，一年八百多。人们带着羡慕，啧啧称赞。父亲在赞美声里，脚步愈发地轻松，好像他正走在充满希望的绿色田野里。他在这光芒万丈的麦浪中，像一个天真的诗人。

\ 试卷上的作家

但父亲并不知道,在我的前面会有着怎样波澜起伏的青春。他送我抵达岸边,却无法陪我继续前面的行程,一切,都将由我自己掌舵,划向三年后的高考。

那时,我开始满脸起青春痘,羞于抬头看人,怕别人笑话,也怕难堪。看到对面同班的男生走过来,我吓得赶紧低头,视线跟对方轻轻一碰,立刻躲开去。我甚至因此有些弓背,好像一只卑微的虾米,每日缩在自己的壳里,背对着人,孤独地游来游去。同桌是一个帅气的男孩,有一天,他满头大汗地打球回来,翻开新寄来的一本杂志,看到上面一款非常流行的祛痘广告,便指着向我说道:"你可以买这个试试。"或许,他只是无意中表达他的关爱,但落在我的耳朵里却是一声惊雷,轰地炸响。我脸上的每一颗痘痘都被炸伤,鲜血淋漓。我的眼泪快要流出来了,但我却强忍着,一滴都没有滑落下来。那个好心的男生永远都不会知道,就因为这一句话,我偷偷找班主任,要求调一个位置。我宁肯在靠窗的位置,不被老师们注意,也不再跟一个善良地给予我关心的男孩在一起。那些代表了青春的痘痘,每一颗,都写满了自卑。

我还得了严重的脚气,用了许多的方式都治不好。为了减缓那种深入血肉的奇特的痒,我只能穿着丑陋的黑色方口布鞋去上课。课上到中间,我常常忍不住,解开鞋带,舒展一下痛苦的双脚。我不知道,这样一个细节,正被身后一双眼睛悄无声息地窥视着。那是班里一个成绩优异的男生,擅长舞文弄墨、写诗作词,常常在课下跑到讲台上,龙飞凤舞地写下他对生命的呐喊。我从未想过,他会在某个晚自习写信给我。信里表达了对我的赞美,95%的赞美之外,夹杂着一句困惑:像你这样秀气文雅的女孩,为什么在课上会做出脱鞋这样不文明的举止呢?我的耳畔又是轰隆一声惊雷炸响。

这一次，我哭了起来。而后，我学了男生的语气，写下洋洋万言，用 100% 的愤怒反击他对我的"羞辱"。是的，那一句反问，几乎成为我整个高中时代的羞耻。为了雪耻，我将双脚伸向一种类似硫酸的药物，那是父亲求来的偏方。当我的双脚浸入，剧痛中，一层皮瞬间脱落。

伴随这种疼痛的，还有我的神经衰弱。我无法入眠，整夜整夜地头疼。父母并未将此放在心上，只是以为我缺乏营养，让我每天吃两粒鱼肝油。那是高二，我的头疼了整整一年，我就在这样无人理解的疼痛中，坚持日复一日地读书、考试，为了不知道会不会到来的希望，卑微地努力着。有时候母亲会来接我回家，她骑着自行车，我坐在她的身后，两个人并没有多少话。母亲总是絮絮叨叨，问我："最近学习怎样？考试怎样？一定要好好学习啊，考过姨妈家的两个孩子，为家里争气。"最后，她会犹豫着问我一个千篇一律的问题："你觉得自己有希望考上大学吗？"

我怎么回答呢？我的心里也满是疑虑、困惑和迷茫。我也希望有一个人陪在我的身边，给我鼓励，告诉我："你一定能行的。"可是没有人告诉我，原本应该让我得到安慰的母亲，也需要我来确认即将到来的未来。她的心里，跟我一样，起了漫天的大雾。她想拨开那一层云雾，看一眼前面是遍洒阳光的晴天，还是黯淡阴郁的雨季。

我从未给过母亲失望，我每次都轻声又坚定地告诉她：有希望的。

我低头行走了三年，最终，拨开那些悲伤、疼痛、自卑、失落、迷茫，给了母亲，更给了自己，一个确信无疑的希望。

精彩赏析

本文重点讲述了一个女孩自卑、迷茫的青春年华，以及父母对女孩的高期望。文章开篇便提到了"不闪亮的青春"，与文章标题的"自卑年华"相呼应，同时首句总领全文，奠定了全文情感基调。文中主要阐述了女孩自卑的两个重要原因：满脸的痘痘和严重的脚气。作者用简洁的语言和多处动作、神态、细节描写等，比如"好像一只卑微的虾米，每日缩在自己的壳里，背对着人，孤独地游来游去"，将女孩因为痘痘和脚气自卑时的姿态和心理，以及女孩的敏感表现得淋漓尽致，令人痛惜。文章结尾处母亲对女孩成绩的多次询问，更为女孩增添了一份失落与迷茫。高中三年，对女孩来说，虽短暂、不闪亮，却记忆深刻，影响至深。

萤 火

● 心灵寄语

> 萤火尽管微弱,却是萤火虫的生命之光,在黑暗中照亮前方的路,而我们饱含着爱与温柔的生命,在任何地方也都有一样的微茫。

忽然想起北京的某个春天。

在中国现代文学馆的院子里,植满了玉兰。它们一触到暖风便羞涩地绽放,白的、粉的,一朵一朵,在尚未有绿叶点缀的空旷中,像一盏盏明亮的灯,次第地亮起,让每日灰蒙蒙的天空看上去洁净了一些。

记忆中,北京的大风尚没有吹来。但每个入住鲁迅文学院的天南海北的作家都希望能有大风将连续一周的雾霾吹散,现出天空深蓝的底色。我想起内蒙古的风,在春天,我曾经很多次诅咒那能将我刮到树梢的大风。可是后来,当雾霾来袭,我忽然间发现,风是内蒙古最为宝贵的东西,它让这片北疆的大地始终碧绿,天空的色泽始终深蓝。即便偶有雾霾,也会被穿越无边草原与戈壁的猎猎大风,给瞬间吹散。

\试卷上的作家

早晨的阳光非常努力地从天空中冲破层层雾霾，投射而出。我坐在窗前，看着那轮硕大的太阳，万千圣洁的阳光穿过无数的阻碍，射向这个繁华的人人向往的北京，忽然生出感动。我很想从内蒙古的天空上扯过一团云朵，飞向这照耀了人间千百万年的太阳，帮它擦拭掉上面的尘埃。那是人类匆匆飞奔向前时，所席卷起的尘埃，而今，我们终于回头，看到了被我们污染的天空，并生出愧疚，发出疾呼。

我因此怀念内蒙古春天的阳光、蓝天、云朵、大风和夜晚的月亮。那里的清晨，尚有清冽的寒风吹过，鸟儿瑟缩着划过料峭的枝头。可是早起上班的人，看到东方蓬勃向上的太阳和映射在蓝天上疏朗古朴的枝桠，并呼一口清新的空气，还是会感激在这样清冷的早晨，这源于自然的恩赐。

可是，外出走走，会看到北京的护城河在春天的风里波光潋滟。河水看上去深不见底，并有着湖水一样幽深澄澈的绿意。路上车水马龙，河边却是另外一番缓慢晨练的节奏。两只小狗沿着河边快乐地撒欢。偶尔，它们会在一株遒劲的柳树下停住，撒一泡尿，或拉一泡屎，而后又互相追逐，嬉闹着狂奔而去。在呼和浩特，树木稀少，而上了年岁的大树更少。但在北京，则随处可见那些盘根错节的古树，它们见证着北京的繁华，注视着无数来此寻找梦想的人们的喜怒哀乐，倾听着他们对这个城市深情的倾诉。

北京究竟是一个什么样的地方呢？十年前我在北京师范大学读书的时候，就这样问过自己。那时，北京对我只是一个驿站。我原本以为，我肯定会回到山东，去某个大学任教，当一名老师。可是，我却在这里，认识了我的爱人，并跟随着他，前往完全陌生的内蒙古。在我决定定居内蒙古的时候，母亲对我的选择充满了失望。在她的心里，我应该留在北京，尽管她从未到过北京。可是，她相信这里是中国最好的地方，是唯一可以给她和家族，包括我出生的整个村庄，带来荣耀的城市。她不关心我在这里过得是否会有压力，她认定这里只有荣光，只有幸福，只要我在北京待着，她就可以在所有村人和亲戚面前昂首挺胸。是的，北京是一个可以光宗耀祖的地方，是一个充满机遇的城市，是外地人眼中的梦想之都。

　　后来，我又多次路过北京，路过那里的繁华与绚烂。我知道它依然不属于我，也并未对自己的女儿在未来的某一天能够代替自己完成抵达这里的梦想，有过任何的想法。事实上，我只想做这样一个繁盛之都的过客。就像我此刻怀念中的那个玉兰满园的春天，我看到许多怀揣着理想的青年，他们抵达那里，又在四个月后，纷纷离去。他们与其中的某些人成为一生深情的挚友，或者此后不复相见。他们来时怀揣着理想，去时又清晰地知道，一切追求中的闪烁的光环都只是光环本身，而生命，我们饱含着爱与温柔的生命，则在任何一个城市、任何一个春天、任何一个角落，都有一样的微茫。

　　那微茫犹如萤火，在暗夜中，照亮每一个行走在路上的人。

精彩赏析

　　本文前半部分多处运用对比手法，将北京与内蒙古于春季时的环境特点进行比较，突出了两地从风、大地、天空、阳光等方面的种种不同，比如北京的阳光需要冲破层层雾霾才能照向大地，而内蒙古阳光明媚、空气清新。经过一番对比可见，想要在北京看到、享受到如此环境确实很难。但作者外出时却也发现了属于北京的美景，如"北京的护城河在春天的风里波光潋滟"等。所以作者才有了"北京究竟是一个什么样的地方呢"这样的疑惑。而文章后半部分，作者便借前文的叙述和疑惑，阐述了作者对于梦想和人生的感悟。文章最后一句，"那微茫犹如萤火，在暗夜中，照亮每一个行走在路上的人"，更是文章的点睛之笔，呼应文章标题的同时，使文章主旨得到升华。

预测演练五

1. 阅读《月光下的白茶园》,回答下列问题。(9分)

(1)"秋天的夜晚,我在月光下喝茶,一杯馥郁甘醇的白牡丹"一句作为文章开篇有何作用?(3分)

(2)对下面句子进行赏析。(3分)

车在山路上穿行许久,都没有抵达期待中的白茶园。只见连绵起伏的群山将人们重重包围,所有生命都仿佛化作古老的茶树,陷入永恒的没有尽头的丛林之中。

(3)文中提到"茶都将拥有三次生命"指的是哪三次?请简要叙述。(3分)

2. 阅读《闲云乐山》,回答下列问题。(12分)

(1)文章以"闲云"为题,有何意义?(2分)

（2）对下面句子进行赏析。（3分）

对了，他还穿着公园里练习太极拳的大爷们常穿的白色对襟大褂。那衣服肥肥大大的，或许是他太瘦太仙了，于是整个人便在衣服里飘荡着，好像一朵飘荡在天空上的无着无落的云。

_____

_____

（3）结合全文，谈一谈乐山是一个怎样的人？（3分）

_____

_____

_____

（4）阅读全文后，具体谈一谈你得到了哪些启发。（4分）

_____

_____

_____

3. 写作训练。（60分）

青春是一个短暂的梦，无论是痛苦、悲伤，还是欢乐、幸福，当你醒来时，它早已消失无踪。可青春又是那么真实，刻于心灵深处。

阅读《策马经过自卑年华》，谈一谈在你的青春年华发生了怎样的故事，对你有着怎样的影响。文体不限。字数：600~1000。

台上台下

● 心灵寄语

> 大学老师会给你们两次逃课的机会,一定有什么比上课更重要。比如楼外的蔷薇,或者今晚的月亮。

我在台上,常常看到台下学生气象万千的容颜。

有像草原上狍子一样好奇心重的女孩,瞪了大大的眼睛,看我在讲台上的一举一动。她大约像我猜测她一样,猜测我回到家是否也有这样的激情,或者有一个什么样的爱人,究竟在家里谁下厨房,我又喜欢吃什么样的饭菜。她的这些游离于课堂的想象,让这一堂课,上得饱满而且生动。我的关于文学的讲述,在她热衷八卦的心里,不过是几朵漂亮的云朵,点缀在更为广阔的天空上,来与去,都无足轻重。我们在同一个教室里,彼此窥视,并互相探测内心的深度。

而她的旁边,有时会坐着一个男孩,留着很艺术性的长发,额头上的那一绺,一定是落下来,颓废地遮住半张脸。但他很不适宜地有一副明媚阳光的面容,所以他的假装的艺术气质,便一下子打了折扣。而且,在某种程度上,还暴露了他内心的自卑,或者对于艺术并不怎么能够把握的胆怯。偶尔他会回答我的问题，总是磕磕绊绊，寻不到重点。我只好代他圆场，不再拿更多的问题让他难堪。他常常会脸红，低头装作思索一下我的点评，然后迅速调整好表情，继续抬头若无其事地吸引女孩瞩目的视线。他长了媚惑诱人的容颜，这一点，他一直有深信不疑的小得意。

偶尔有外来的学生，慕名或只是对课程本身怀了兴趣，所以便找了不被人注意到的角落。但我能够感觉到他们炯炯有神的双眸，还有一颗热烈持久的心。他们的笔，总是随了我的讲述，而在纸上跳着雀跃的舞蹈，那种美妙的声音，像蚕在啃噬着桑叶，可以激起每一个台上老师的热情。我喜欢注视着他们的眼睛，不管他们给予我的，是胸有成竹的冷静与克制，还是一脸的仰慕与欣喜。我会觉得，花费如此多的时间来备的这堂课，即便是为了这外来的听课者，也是值得的。

每节课都会有心不在焉的学生，别看他人坐在那里，却是已经心骛八极，神游四海。我看他的眼睛，盯着屏幕，时而黯然神伤，时而灵动飞跃，便知道他大约是陷在了一段爱情里。但也有可能，是昨晚打电脑游戏太过投入，早起赶来上课，依然在游戏厮杀的状态，且不肯跳出身来。我对这样迷糊的学生，常常抱有宽容，因为想到大学时的自己，也是这样，迷恋于课上走神的时光。不是老师的课不能吸引到自己，而是更痴迷于外人不能懂得的那片小天地。而且假若老师的声音比较悦耳，那便是给这样的游离，做了上好的背景音乐。犹如香菜之于米粥，或者小葱之于青菜。

这方讲台上的天地，尽管只有我一个人，在45分钟的时间里，唱一台独角戏，但是却有形形色色的观众，陪我一起度过。我们互相审视，彼此猜测。说不上息息相通，却能够在这不大的空间里，看到一小段对方起伏跌宕的人生。

他们在课间的休息时间里，所问的问题，大多与课堂上无关。或者，只是一个引子，七折八拐，又到了另外一条他们经常散步的小径上去。女孩们会叽叽喳喳地问我，读书时有没有喜欢的男孩，或者我出生的小镇春天会不会开满桃花，再或我穿的那条裙子，是在哪里买的。男孩们则言语谨慎而且成熟，他们更关注我所成长的外省的天地，是否与他们的城市相似，或者我使用的电脑软件，是哪一款的，有没有过时，或者存有缺陷。我们的交流，常常比课上活跃而且随意，我依然在讲台上，他们也还是站在台下，可是彼此间的距离，却因为一声下课，而瞬间变得亲近，尽管，这样的亲近，也带着几分小心翼翼地试探。

所以我觉得最美妙的时光，当是在课下休息的10分钟里。相比于课上的神采飞扬，我在这短短的时光里，慵懒而且随性，并可以因为这样的放松，而看到台下更真实的人生片段。他们会喧哗，丝毫不介意我的存在。也会给心爱的女孩打电话，声音温柔而且笑容甜蜜，看得到心底浓密的爱意，一股股流溢出来。

我喜欢走下讲台，站在窗边，假装发短信，或者看风景，而后倾听他们在教室里的私语，抑或窥视他们在玻璃上晃动的身影。窗外是安静的校园，而窗内则是一片让人微醺的生机。

这是台上台下交织而成的世界。我在一角，看着那些青葱动人的容颜，便觉得人生美好，而且不忍辜负。不管，他们对我，是喜还是不喜。

精彩赏析

　　讲台上下是两方天地，老师和学生互相审视，在45分钟的课堂里，看到对方一小段起伏跌宕的人生。作者的笔触是如此清新柔美，讲义是"几朵漂亮的云朵，点缀在更为广阔的天空上"，学生的笔则"在纸上跳着雀跃的舞蹈，那种美妙的声音，像蚕在啃噬着桑叶"，描写平凡课堂中的闪光日常，微小细碎却尤为治愈。在结构上，本文条理清晰，详写"台上""台下"所见到的景象，结尾总述"青葱动人的容颜"给自己生活带来的美好，内容充实完整。另外，作者对人物心理也有十分精准的把握，所以这篇文章才会如此动人。

花儿来得及

● 心灵寄语

> 每个人的花期不同，不必焦虑别人比你提前拥有。怀揣着朝气蓬勃的心，去迎接每个黎明与黄昏，你一定会成为一个出色的人。

那一年我十六岁，为了一株月季，茶饭不思。

初春一个微凉的午后，我排了长长的队伍，从老师的手中，领养了它，并小心翼翼地，将它植入教室门前的小花坛里。那时的我，因为卑微，无人关注，读书常常心不在焉，上课的时候，老师在前面讲优美的诗词，我却走神，想起黄昏里属于我的月季。春风悄无声息地漫进来，轻拂着我的短发，又随手翻乱了桌上的书本。我用力地想啊想，却还是不知道，究竟那一株瘦弱的月季，何时才能听见我的祈祷，从细细的枝杈里发出绿色的小芽来。

没有人知道我的焦虑，事实上，我如那株枯萎的月季一样，被人忘记了。不管疼痛与喜悦，浓烈还是浅淡，都不会有人去注意沿墙低头走路的我。我已经习惯了这样的忽略，假若偶尔有人大声地在班里提及我的名字，我反而像一只受了惊吓的小兽，有想要瞬间消失掉的恐慌。大部分的时光，我缩在教室最后一排靠窗的座位上，将老师们的声音当成背景，而后任由自己的思绪在天空蓝色的幕布上自由地飞翔。这是我在别人的张扬里最为安全的存在方式，一如那株在繁花似锦的春天里，从来没有蜂蝶流连过的月季。

　　那一小片花坛植满了30株月季，尽管我的那一株始终无声无息，没有任何舒枝展叶的痕迹。负责浇花的园丁说："这株月季定是枯了，否则，为何外面吵嚷一片，它却固执地缩在泥土里，不言不语？"但我还是百般地恳求那个好脾气的师傅，无论如何，都不要忘了，施肥浇水的时候多多眷顾这株孤独的月季。

　　这样的乞求并没有奏效。园丁在一株株欣然吐叶的月季面前，每每还是将它忘记，或者即便是视线飘过，也不作短暂的停留。这是一个花团锦簇的春天，空气里弥漫着湿漉漉的芳香，浓郁、热烈，常常就有女孩子的尖叫锐利地划破傍晚的寂静，她们彼此开心地叫嚷着，自己的月季又长出了一片叶子，抽出了一条新枝，那新鲜的小芽竟犹如婴儿的双唇，是可爱柔软的红色呢！我蹲在花坛边上，看着那株干裂寂寞的月季，听着别的女孩子兴奋又夸张的叫声，还有操场上隐约传来的篮球撞击水泥地面的响声，终于将头深深地埋进臂弯里去，哭了。

　　春天不过是一个转身，便走掉了。校园的红砖路上，青草在一次次踩踏里，弯了又直，直了又弯，蔷薇越过墙壁开出袅娜的花朵；藤蔓缠绕着爬上高高的梧桐；初夏的风翻转着层层密实的枝叶，而我的月季，它在我日日的守候里，依然选择了沉默。

　　花坛里的月季，已经竞相地开放，最好的一株，长在靠近我那一棵的左侧，枝叶蓬生开来，将那一方小小的角落，全都遮掩住了。

园丁师傅许多次都以妨碍观瞻的理由，要拔掉我的月季，却每每都在我的苦苦哀求里，住了手。他不明白，总是问我："丫头，这不过是一株发到你的手中，便已经奄奄一息的花而已，何必如此较真儿地守护着它？"而我，总是倔强冷硬地只有一句话："它不只是一株月季。"

是的，它不只是一株月季，它是十六岁的我，所有的期待、梦想与童话。我固执地认定，假若它真的不会醒来，那么，我的青春，也会如它一样，暮气沉沉、了无希望。

那个闪亮的童话，就在盛夏的一个清晨，苏醒过来。我守护了整整一个春天外加一个初夏的月季，终于从泥土中，生出一个卑微但却执着向上的新芽。那株枯萎的枝杈，依然安静地挺立着，等待那柔弱的生命，一天天向上、向上，直至最后，远远超越了它的高度……

我的月季，在温暖的泥土里蛰伏了整个的春天，它错过了争奇斗艳的季节，却还是来得及，在阵阵蝉鸣的盛夏，一点点地靠近馥郁的花香。

十六岁的那年夏天，我的每一本书里都飘散着月季的芬芳。我将第一朵花凋零时的花瓣，全都细心地收藏进书本，它们的红色深深浅浅地嵌入温情的文字中，每一次读都能嗅得到，它最初绽放时饱满恣意的芳香。

而这样的香气，从十六岁时那个自卑的丫头，一直缭绕到而今自信从容的我，历久弥香，再也不能让我忘记。

\ 试卷上的作家

精彩赏析

　　作者用优美的语言讲述了一个简单而动人的故事。和很多青春期的孩子一样,"我"十六岁时常常让忧郁的阳光照进内心,尽管那个年龄是诗、是画,可是"我"并不成熟雄厚。最后是一株卑微却执着向上的月季改变了"我","我们"共同成长,相互"鼓励",它让"我"变得自信从容。那株月季在泥土里蛰伏过整个春天,错过了争奇斗艳的季节却仍然来得及拥抱盛夏。作者是想通过这个故事告诉我们,每个人的花期都不同,用力所能及的方式去过属于自己的精彩人生,才是最重要的事。

手绘的密码

心灵寄语

> 我们年轻，浑身充满朝气，有理由表露思想，张扬个性，不过不可将校服视为洪水猛兽。它阻碍了我们追求时髦的内心不假，但更见证了我们最纯洁美丽的青春岁月。

那时我已经开始爱美，会在肥大校服的里面穿碎花的衬衫，天热的时候，将校服的拉链尽可能低地拉下去，露出那一蓬一蓬散漫开着的花朵。有男孩子看过来，会羞涩地低头，手指轻轻绞着校服的一角，似乎，想要从里面，绞出一丝炽烈的勇气来。

那时真是单纯任性的小女生，十五六岁吧，总抓住一切可以不穿校服的机会，放任自己妖娆地绽放。老师们在讲台上，看见谁故意地将校服穿得凌乱不堪，就会板起面孔，说一通女孩子要自尊自爱的话来。而我们，则于课下凑在一起，七嘴八舌地讲这个老师的八卦和坏话，一直讲到心满意足，被批的那点小委屈终于烟消云散，我们又回复到昔日嬉笑打闹、热爱臭美的一群。

是上美术课的时候，老师将一盆茉莉，摆在桌子上，说让我们描摹。邻桌叫茉的女孩，却偷偷地将一朵花瓣柔软芬芳的茉莉画在了自己校服的内侧。画完了她便伸过头来，欣喜地要与我分享。就在我刚刚瞥了一眼那朵呼之欲出的茉莉，还没有来得及惊讶茉的大胆笔法时，老师便一脸威严地走了过来，而后不容分说地让我和茉站到讲台上去。

惶恐中与茉肩并肩地站到讲台上，等待老师的冷嘲热讽和同学善意却刺目的同情。老师冷冷地让茉给大家"展示"一下她的艺术作品，明知这是故意的揶揄，但茉却骄傲地朝老师微微一笑，而后打开校服的一侧，又像鸟儿一样，铺展开另一侧。台下一片哗然，我小心地顺着老师愤怒的视线朝茉看过去，这才吃惊地发现，她右边的校服内侧竟然开满了大朵大朵绚烂的山茶花。而当她背过身去，将衣领内侧也翻开来，竟是一条长长的绿色的青藤！

老师的脸，霎时像泼了一瓶油彩，红的、绿的、蓝的、紫的混在一起，而这些颜色被他僵硬的面部肌肉一抖，扑簌簌地，便全都脱落下来。台下开始有人高声地喊叫，唱歌，像一群被束缚太久的鸽子，呼啦啦地，便撞开了笼门飞向那高远纯净的蓝天。

我依然清晰地记得，这场由茉引导的手绘革命，它在我们那个保守封闭的小城，犹如一道雨后的虹彩，张扬炫目地挂在天边，让每一个人都渴望走近它，采摘一片，放入背后的行囊。

我们手绘自己喜欢的花草、飞鸟、童话、音乐、明星、格言，我们还自创抽象唯美又神秘莫测的图案，而其中蕴含的爱恨，除了那个校服的主人，无人可解。我曾经将对另一个男孩的暗恋，只用一片水中漂泊的绿叶，就含蓄完美地表达出来。而茉则把对一次测验失利的懊恼，用一个龇牙咧嘴的小人儿尽情地发泄。男生们呢，则在校服上绘满崇拜的球星、赛车手，或者一个女孩秀美的双眸、一行爱的英文字母的缩写。

老师们终于无力阻止这股手绘的潮流，任我们将画由内至外，涂满原本单调的校服的每一寸空间。昔日总强迫我们穿校服的体育老师，却是喜上眉梢，因为，我们终于不用他耳提面命地，才勉强穿起校服，绕操场跑步了。那些绘满青春符号的校服像是猎猎彩旗，陪伴我们激情地迎风奔跑。

几年后我离开校园，来到北京，在一所中学的门口，看见那些出出进进的男孩女孩，与年少时的我一样，穿着肥大的校服，脸上挂着漫不经心的表情，而所有流行的物语，不必看报、上网，只需瞥一眼他们校服的衣领、袖口、肩背，便能管中窥豹。

而我，站在北京的街头，看见那些青春的代码在校服上熠熠闪光，犹如我已经远逝的年少时光，那样鲜明疼痛，又感伤无助。到那一刻我才看清了，自己一路行走奔波，却始终不肯，驻足回望那段岁月的原因。

精彩赏析

作者由自己有意露出被校服遮住的碎花衬衫写起，由浅入深，一步步写到对校服上的手绘的看法，进而赞扬充满活力、纯真绚烂的青春，逻辑清晰，让人读起来眼前一亮。在语言表达上，本文以生动自然的语言叙述和抒情，富有美感和张力，通过对手绘的细腻描写和对人物形象的精准塑造，给读者呈现出一幅充满朝气和创造力的校园群像图。文中的一些描写和用词很值得借鉴，如"那些绘满青春符号的校服像是猎猎彩旗"，"在校服上熠熠闪光，犹如我已经远逝的年少时光"，形象而优美，可以化用在作文之中。

时光雕刻的花朵

心灵寄语

> 在中国北方漫长寒冷的冬季,冰凌之花于寒风中悄然绽放,它给人们的生活带来了诗意,使冬天充满了期待与惊喜。

  去位居中国最北的一个小城时,正是冬天,天气预报里播音员在四季如春的暖气房里一脸平静地特别说明,此地历史最低温度为零下50多度。被南方气候宠惯了的旅者,在这样的天气里,会对嘀嗒嘀嗒缓慢向前的时间生出恐惧。连带地对人生也产生无助与空茫,像那天地间一脚踩下去都找不到底的厚厚的积雪。

  所以被娇宠惯的人,躲在房中常会觉得整个天地都了无生命的痕迹。即便是有,一口气吹过去也成了冰,融化的希望渺茫无依。我也曾一度畏惧这样的寒冷,并不敢踏出门去。后来有一天,我终于勇敢地出了门,沿着小城一条安静的小路一步步走下去。然后我便看到了那些争奇斗艳的花朵。

  更确切地说,那是天赐的生命。它们一朵一朵,绽放在一家家商铺的玻璃门上、窗户上,或者日间的路灯罩上。甚至当地嬉笑奔跑的小孩子湿漉漉的头发上,或者俄罗斯姑娘在风里飞扬的辫梢上。

冰凌花（冰窗花？），这是它们被人类赋予的美丽的名字。那些小朵的，似羞涩的茉莉悄无声息地芬芳着。那些大朵的，则在明亮的橱窗上有喷薄而出的气势。我站在一家糖果店旁，看见那巧夺天工的绝美花朵，蕊丝如瀑布般倾泻下来，一直飞溅到地面。我走近了，抬头仰视着这样在严寒中不管不顾任性飞升，或者垂下的花朵，只觉一颗心被什么东西给镇住了，就那样定定地站在人家店铺的门口，像个因痴迷糖果而不肯离去的孩子。

我想起春天里昂贵到常让爱情为之疼痛的玫瑰，它们被层层漂亮的花纸包装起来，犹如那些台上耀眼夺目的明星，除了做出一副惹人怜爱的微笑，别无选择。生命在它们身上，不过是几日的光阴，高价买下换回女孩一抹娇羞的笑容之后，便到了凋零的时候。很多情侣喜欢情人节的狂欢，可我却独独在情人节过后，为那些被扔入垃圾桶中干枯的生命而觉得感伤。似乎生命的意义，在世人的眼里，只是那片片晦暗的红色，高贵与低贱，不过是从橱窗到垃圾桶的距离。

而夏日里盛放的百花，倒也有生命的炽烈，无论是田间地头，还是人家窗台，或者迎宾大道的两旁，都是它们的足迹。这样肆无忌惮的铺排与繁盛，常常给人以拥挤窒息的盛烈之感，那样的压迫，多少让人生起对生命的惊叹与敬仰。至于那秋天，则一路萧条下去，眼看着那重重的菊花压下来，除了感伤，却是无能为力。

世间许多的花朵都是娇贵易逝的。所以它们无法在冰天雪地之中，傲然绽放给世人欣赏。只有那冰凌之花，于生命的最北方，在酷寒之下，凌然怒放。并将写意的温柔与泼墨的大气，在透明的玻璃上一一尽显。

离开那个小城的时候已是春天。积雪开始融化，冰凌之花，除非是早起，已经渐渐没了踪影。有一天我在即将逝去的稀薄的月光下，起身推门，又看到那些只属于北方以北的生命之花。此刻它们隐匿在微凉的晨曦中，依然努力地将最美的花朵绽放出来。只是花瓣重重打开时的声音，渐次微弱，听得到啪啪的轻响，犹如夜色之下，一个人穿了木屐孤单地行走，没有灯，只看见那模糊的影子一路忧伤地跟着，没有一句话。

这是春光里它们最后的绽放。可还是看得到，生命的气息雕刻在透明的玻璃上，那瞬间的光华。

我们许多人的一生，常常抵不过一朵冰凌花的飞扬与炽烈。凌厉与温柔，如此完美地糅合在一起。更多的时候，我们看似有春夏花朵的奔放，却是在一场霜冻之后，便将那颓势与衰败，赫然显现。而只有那在寒风中，能从袖筒里抽出手来推门出去的人，方能于穿越时光的小径上，瞥见生命馈赠于自己的最美的冰凌之花。

精彩赏析

冰凌花冲淡了寒冬的寂寞与乏味，也震撼了作者的感官和内心。作者从多个角度描写了它的美，这种美凌厉而温柔，不像娇贵却易逝的玫瑰，也不像绚丽而充满压迫感的春夏百花，它独自在冰天雪地里美得自在坦荡。文中多处运用对比的修辞手法，如南北方气候的对比，冰凌之花与其他花朵的对比，侧面体现了冰凌之花的特点，表达了作者对它的喜爱。结尾作者直抒胸臆，赞美严寒中的冰凌之花，并呼吁我们离开温室，推门走出去，去遇见"生命馈赠于自己的最美的冰凌之花"。

谁采走了我的决明子

🌸 **心灵寄语**

> 决明子,除风散热,护肝明目。它从荒野里走进药店的柜台,在这个行程里,它也许会忆起麦田、蜂蝶、阳光、雨露、花草、农人……

去一个朋友家,看她在喝一种叫决明子的茶。

茶包装在精美的小袋子里,上面写着,可以减肥、明目、清热、润肠、降压。朋友饶有兴趣地说起儿时常常看她爸爸饮用这种茶,并不知道是为了降压。但这种从药店里取来,煎炒而成的茶,却是因了其微凉微苦的香气,而在她的童年之中留下深深的印记。她记得那时常常牵着爸爸的手,行走在夜晚城市安静的马路上,坐两站公交去药店取决明子。

她记得公交车上,一年到头都穿中山装的司机师傅,那个师傅的口袋上别着一支"英雄"的钢笔,如果他没有坐在车上,而是走在马路的人群中,朋友会将他当作一个文化人。事实是,司机不认识几个字,托了层层关系,才来车站上班。后来又生了一个儿子,成绩也总是拖着班里的后腿。司机因此便心里落下了病根一样,对于有文化的人，格外亲热。每次上车，司机总会与朋友的爸爸响亮地打一声招呼，说，林老师，坐好喽。每每这时，朋友也会跟着挺一挺胸脯，似乎，爸爸的荣耀，连带地让她也有了光芒。

像有默契似的，药店总是等着朋友与她爸爸来了才关门打烊。所以那盏在小小药店里的灯盏，也便温暖了朋友整个童年的记忆。药店里的瘦猴子叔叔，总会提前将决明子和其他给朋友妈妈煎服的中药装好，等着他们去拿。

决明子装在塑料袋子里，朋友提着，走在路上，她会听见决明子像小小的昆虫，在夜色里窸窸窣窣地唱歌。有时候她会侧起耳朵，倾听它们的私语，哗啦哗啦，又像是溪水的流淌。

有那么几次，朋友淘气，将它们甩来甩去，一不小心，便将它们全洒在马路上。于是在爸爸温柔的嗔怒里，朋友跪在地上，嬉笑着将那些细小的宝贝，全又收拢到袋子里去。

而今，朋友没有想到，她与身边的白领们，竟然也开始喝起这种茶，而且，还有一个流行的名字，叫"亮眼八宝茶"。只不过，他们皆是为了一种减肥保健的时尚，而不像父辈们，单纯为了治病。他们还尝试其他的茶饮，玫瑰、百合、芦荟、菊花，等等。这些据说美容、养颜、减肥的东西，被他们全部拿来，泡在杯子里，日日啜饮着，犹如啜饮一杯伤感又气质高贵的咖啡。

当我好奇地将决明子，倒入掌心，用指尖，微微抚过的时候，二十年的时光，突然就被这种宛若绿豆的绿棕色菱方形草药，给唤醒了。

我想起的，是家乡长在荒野里的一种叫夜合草的植物。它们生在荒郊野外，或者路边墙根，甚至人家檐下。我去上学的路上，它们在沿途与我做伴。夏天的时候，它们会开出黄色的花朵，满山坡地看过去，犹如美人头上的花环。我有时会采摘下这些指甲一样小的花朵，戴在头上，或者别在耳边，而后等着人来夸赞。

但这种植物，伴随了我整个的童年，却并不是因为，它们的花朵，多么美丽，或者妖娆，而是由于，它们秋天的果实，可以为我换来漂亮的发夹、鞋子、袜子，甚至是裙子。每年秋天来到的时候，我放了学，便将书包一丢，提了大大的尼龙袋子，就疯跑出去，与村里大几岁的姐姐们，沿着长长的河岸，或者山坡，采摘夜合草的果实。它们的果实像是豆荚，细细长长的，包裹着其中小小的颗粒。我有时候会将它们小心翼翼地剥开来，看一粒又一粒的种子，拥挤在一起，在壳里婴儿般安睡的乖巧模样。

我们一路采摘过去，常常就走到了外村的领地上去。我会看到外村里一样的牛羊、车马、田地，我觉得这样的出行，与去课本上的北京天安门，一样的兴奋、欣喜。

我会飞奔在陌生的田间地头，惊异地看那些新鲜又让我慌乱的面孔。我还会偷偷地在背后指点人家，如果那人不小心回头张望，则立刻小老鼠一样，躲到姐姐们的背后去。

而那些处在花季的姐姐们则大胆得多，她们唱歌，歌声热烈又迷人，总会惹来路边男孩子们的嬉笑注视。她们从来不像我一样胆小惧怕，她们戴上招摇的花环，一边采摘，一边拿眼斜觑着那路过的男孩。听见他们"嗨"一声大叫，则会飞一个白眼，给他们一个骄傲华丽的转身。

这样的出行，我乐此不疲，不仅仅是因为回来将这些种子晒干了，拿到小镇上卖掉，可以换来让父母高兴的零钱，更重要的是我可以飞进田野，做一株自由自在地仰望蓝天的夜合草。

我并不知道这些种子卖掉之后可以做什么。它们对于我来说，除了换来小小的零用，便再无其他的价值。而我的父母，有时候会将它们剥开来，装入布袋中，给我做成松软的枕头。我每晚睡在其上，从不会考虑它的药用功效。我的梦里,永远是田野高远的天空,充满果实芳香的大地,明净的小溪,起伏的山岭,还有女孩子们纯美的笑脸。

而这样一种串起我整个童年的植物,我从来都没有想到,它还有另外一个名字——夜合草。是我从朋友家回来,路过药店,去问一个中药的医师,他告诉我,夜合草不过是决明子众多名字中的一个。就像一个孩子,他一路走来,会因为乳名、学名、绰号、网名、笔名、艺名,而被不同的人,以这样那样的方式记着一样。

而决明子自己,它从荒野之中,走进药店小小的柜台,这一个行程里,会不会像我的朋友,想起这个城市的马路、汽车、行人、影院,或者像我一样,忆起麦田、蜂蝶、阳光、雨露、花草、农人。

我一直固执地认定,不管它们是在枕中,还是在白领高档的杯中,梦里,总会有我奔跑的影子。因为,我们生命的最初,曾经以这样温柔的方式,历经过彼此。

精彩赏析

本文取材贴近生活,由中药决明子引出两段故事,语言优美、情感真挚。文中的朋友俏皮可爱,尤其是她跪在地上嬉笑着收拢决明子的场景,富有童真童趣。在讲完朋友的故事后,作者自然地过渡到自己关于决明子的记忆,由此我们知道了决明子的另一个美丽的名字——夜合草。"这种植物,伴随了我整个的童年"一句,写出了决明子对"我"而言的特殊意义。文章结尾,作者运用联想的表现手法,表达了对决明子的喜爱,以及对逝去的童年时光的怀念。

十字路口处的一匹马

 ● 心灵寄语

> 它在破旧的马棚里,一定会梦到那段飞扬的岁月,梦到无边的草原上鲜美柔软的水草,梦到真正懂它的牧民。

我是在一个车水马龙的十字路口,遇到了这匹马。

彼时它正被与它一样黑瘦疲惫的主人牵着,等红灯亮起,像行人一样穿过斑马线。我先是隔着马路看到了它晦暗的毛色,像斑驳的墙壁,又像经年不洗的老人身上一块块的癣。我尽力地将它想象成一匹身经百战的烈马,曾经有过在战场,或者草原驰骋的辉煌,不过是因为和平年代的到来和草场的退化,而与那些失去了草场的牧民一样,迁徙到了城郊或都市,做最卑微的工作。

它身后的车上,是高高耸起的红枣。那样鲜亮的颜色,将它衬托得愈加地黯淡。假若它的个头再矮小一些,我几乎会将它误认为一头沉闷的驴子。它的主人,显然是属于那些无证摆摊的小贩,自己种了枣林,便每天起个大早,赶着它奔跑上几十里路,来城市躲躲闪闪地边走边卖。

它就那样安静地站在那里,低头,像一个想着心事的孤单的孩子。我经过它的时候,它甚至看都没有看我一眼。它的眼中,溢满了无助与忧伤。那一刻,它一定像我一样,在人群中走神、发呆,忘记自己所处的地方。我懂得那样的孤单,在一片喧嚣之中,却什么都没有听到,只听见自己的心,在胸腔中,啪嗒啪嗒地走路,一直走,一直走,想要走到一个有温暖阳光的草原,或者家园。

可是它却与我一样,在这个城市里,丢失了自己的家。永远都无法寻到一小块泥土,可以将心植下,长成一株高粱,或者一丛根茎发达的草。

很快地有人围拢来,买主人的枣。主人欢天喜地地数着钱,全然忘记了给它丢一把干枯的草,或者像它昔日兄弟们的主人那样,爱抚地拍拍它的脑袋,示意它耐心地等待一会儿。他甚至都没有为它系上缰绳,任那一截绳子,在地上懒懒的搭着。

而它,却没有丝毫的抱怨。它依然温顺地站在那里,如一匹沉默不语的老牛,或者一座静止的雕塑。有生长在城市里的人,好奇,逗它,主人就哈哈笑着,一拍它的后背,说:"老实着呢,不用怕。"他说这话的时候,带着杂耍艺人的轻浮,似乎,它成了此刻能够博得顾客一笑的小猫、小狗或猴子,只要主人一声令下,即刻使出百般武艺,取悦肯掏钱出来的路人。

可是它却在主人响亮的巴掌里,忧伤地回头,看一眼那些嬉笑着的顾客,便又低头,做了感伤的诗人。是的,那一刻,它是这个城市里流浪的诗人。它本来应该是草原上奔腾的勇士,可是它失去了战场,沦为与牛一样拉着车,在城市里为人的生计奔走的工具。它永远都赶不上汽车,汽车溅起的灰尘与泥土常常就无情地落满了它的四肢。它还被许多人嘲笑、奚落、指责、呵斥。就像我正经过的时候,它被迎面走来的一个城管拦住了一样。

是它无意中拉了一坨粪便,尽管主人早已经在它下面铺上了一个塑料袋子,可还是有一些溅在了马路上。城管不耐烦地让它的主人赶紧将马路擦净,然后立刻离开,不要影响了市容。否则,将不只是罚款了事。它的主人不断地点着头,一连声地说着抱歉,然后蹲下身去,擦拭地上的粪便。它低头看着主人可怜地跪在地上,一遍遍地擦拭着城市不长野草的马路,眼中再一次掠过一抹忧伤。它微微后退两步,用腹部温柔地蹭着主人的身体,似乎想要给受了城管训斥的他些许的安慰。

可是这样的举动,却是换来主人一记毫不留情的鞭子。他气恼地骂着,说它没有眼色,拉屎都不知道找合适的地方!假若今天真的被罚,这一车枣就全赔进去了。

它并没有因此发出一声旷野中的嘶鸣,它只是在主人的指示下,啪嗒啪嗒地顺着人流,无声无息地向前走去,而不管它的背后是一坨依然散发着热气的粪便,还是主人怨恨的瞪视,或者我这样一个不相干的路人带着疼痛的同情。

我想起一个住在草原上的诗人,他常常在外喝醉了酒,然后被人抬上自家的马,慢慢走回家去。每一次,我们这些住在城市里的朋友,都会担心他被马载着走丢了家。可是,他却总会被马安全无恙地送回爬满牵牛花的篱笆小院。

我们皆称赞他的马是一匹懂得人性的好马,他却摇头,说:"生长在草原上的马,与人有一样的智慧。只是它们不像人这样喋喋不休地炫耀,或者自以为是地自夸。它们只有在奔驰中,才会让人懂得那种与生俱来的勇猛与野性。一旦将它们放逐城市,或者促狭逼仄的马圈,它们宁肯保持沉默,也不会像人一样,将过去的光环,一遍又一遍地提起。它们是草原上的勇士,如果远离了家园,它们则是最真诚的游吟诗人。"

那匹被当作牛使用的十字路口处的马,它的梦里有没有过去的时光呢?它会不会怀念草原上的兄弟,羡慕那些可以战死的烈马?哪怕是在电影拍摄中,被狡猾的人类欺骗着,为一场由摄影机录下来的虚假的战争,而战死沙场的烈马。

我想它一定会的,不管它的主人如何忽视于它,将它等同于所有没有梦想的工具。它在破旧的马棚里,一定会梦到那段飞扬的岁月,梦到无边草原上鲜美柔软的水草,梦到真正懂它的牧民。就像我这样一个来自乡村的孩子,梦见故乡的水稻、农田、炊烟,或者母亲一声声的呼唤。

因为它与我,都是这个城市里,走丢了家又时刻寻找着家园的诗人。

精彩赏析

马给我们的印象总是驰骋在广阔的草原,但本文作者却见到它出现在城市里,出现在十字路口。这匹马安静又孤独地站在那里,眼中溢满无助与忧伤,也许是因为它总会梦到驰骋草原的激情岁月吧。在某一瞬间,作者似乎能从那萤火般微茫的时光中,捕捉到些许与这匹马相通的心绪。"就像我这样一个来自乡村的孩子,梦见故乡的水稻、农田、炊烟,或者母亲一声声的呼唤。"身居嘈杂虚伪的闹市,却始终惦念着花一般的远方,这正是作者要表现的中心思想。

有没有阳光温暖过卑微的你

● 心灵寄语

> 愿每个人都付出一点爱,去送别人一缕阳光,送别人一点小小的温暖和抬起头去面对风浪的勇气。

每天去电影学院蹭课回来,都会路过北京电影制片厂。我有时候会刻意地走侧路,这样,便能与他们擦肩而过,并闻到他们身上散发的味道。

他们是北京卑微的一群人。夜晚住在晒不到阳光的地下室,白天,则坐在北影厂门前的台阶上,从日出到日落,耐心而又焦灼地等待着机会的降临。他们与劳动市场上等待被挑选的民工或保姆一样,渴盼着在某部电影里饰演一个小小的角色。哪怕只是一个侧影,一具尸体,一双眼睛,一声叹息,或者被无情的剪辑师,一剪刀下去,只剩半个臂膀。

他们在台阶上,边期待着门口有某个导演出来,边无聊地打着哈欠、说着笑话、骂着粗话,或下一盘不知道有没有结局的象棋。他们衣着黯淡、神情沧桑,像日积月累,阳光下灰尘满面的石像。他们之中,有父亲、母亲、妻子、丈夫、儿子、女儿。他们为了几十块钱的一个群众角色，会疯狂地拥挤、争抢。但等待的漫长时间里，他们则会谈起家常，谈起困顿艰难的生活。这样的闲聊，于他们，是一种比电影更温暖的慰藉吧。假若没有彼此的交流，不知道他们在这里，能够将对于电影的挚爱与美好生活的期求坚持到多久。

有一天，我看到两个十八岁左右的少年，他们躺倒在初春黄绿相间的草坪上，微闭着眼睛，看着头顶温暖阳光里斜伸过灰墙的一棵枣树瘦削光秃的枝干。我很想知道，那一刻，他们在风中微微晃动的小梦里，有没有故乡另一株同样枝干虬曲的枣树？或者是某个初恋时笑容甜美的女孩？我看了他们许久，直到他们睁开眼睛朝我淡淡地瞥一眼，我才慌慌地，一低头走开去了。我突然觉得，我是如此粗鲁，让人讨厌，以如此尖锐的视线，撕开他们不想让外人指点的斑驳的生活。

我想起在中关村一家电子产品店里看到的另外一个男孩。大约也是十八岁吧，看到我经过，很温柔地喊我"姐姐"，又将我引至店中，倒水给我。我看一眼店内不多的相机样品，知道这样的店，未必可靠，便打算转上一圈找理由走人。转至一款佳能的新款相机前时，我问："能给我介绍一下这款的功能吗？"他忽然就红了脸，低声地朝我道歉："对不起，姐姐，我，我是新来的，还不太懂，您先坐下等等，我们很专业的同事马上就过来为您讲解，好吗？"

我看了一眼这个头发还处在高中时代朴质时期，没有被这个城市染成五颜六色的男孩，有一丝的心软，想，要不要留下来看一看这款相机？但也就是片刻的犹豫，随即对于相机品质的追求，还是战胜了我的不多的同情心。我客气地向他道别，又撒谎说："有点事，一会儿再过来看看。"他却是一下子被我弄慌了，低低地恳求我："姐姐，再坐一会儿，就一会儿，好吗？我们店里肯定有您喜欢的相机,即便是没有,也可以为您去别家调货的。"

我也低了头,不敢看他的眼睛,疾步走出店门,直奔走廊尽头的电梯而去。而他,却是不舍不弃地跟在我的后面,一声声地喊我姐姐。他的恳请,不是别家店里那种近乎地痞似的大声喊叫与拦截,他只是这样喊着你"姐姐",悄无声息地跟着你,像路边的一个小猫或小狗。

电梯门终于开了,我快速地钻进去,门关上的那一刻,我看见站在门外的他,一脸的忧伤与失落,为没有将我这样一个潜在的顾客挽留住。我看着电梯数字不断地变换,突然地心中浮起一丝的难过,我想起自己在外地打工的弟弟,是不是他也曾这样苦苦地求过一个顾客?是不是他的第一次与人交往,也曾想过以真诚而不是痞气,换来他们的好感?当他走在不属于他的城市里,有没有过与这个男孩一样被人冷落的感伤?

忆起在北京的798艺术区,看到过的一只纯种的波斯猫,很瘦,是被某个有钱的主人给遗弃了的。我不知道它究竟悄无声息地,在我身后跟了有多久。我只知道,当我无意中回头,看到它在冰冷的傍晚,被风吹起的脏兮兮的毛发,突然间就心内涌起无法抑制的悲伤。它曾经被人类无情地抛弃,可是,它还是因为昔日受到的一点儿好,而记得人的怀抱,并执拗地跟着我,渴盼我能将它领回家去。

我终究没有将这只流浪猫抱回去。我只是从路边的小店里买了一瓶酸奶放在它的面前。它温顺地看我一眼,而后低头去喝酸奶,每喝几口,它就会停下来蹭一蹭我的鞋子。它显然是饿极了,最终埋头像个婴儿一样,香甜地啜饮着。而我,它寄希望于能将它收养的人类,就在它低头的时候悄悄走开了。

我一直没有回头,但我却知道,背后是一双忧伤的眼睛,在一直一直望着我冷硬的脊背,不肯低头再喝那瓶酸奶。

这个城市的阳光日日普照,它分给我们每一个人一样的温度与热量。可是,当我走在路上,看见那些卑微的生命,看见他们在阳光下为了一份工作、一个角色、一杯牛奶,而向另外的生命乞求的时候,我总是希望,阳光会偏心一点,再偏心一点,一直到有足够的温暖,将他们同样具有尊严的生命温柔地环住。

就像,一双母亲的手臂环住柔弱女儿的肩膀。

精彩赏析

很多人都渴望通过奋斗实现华丽转身,与"人中豪杰"接触,过上成功者的生活。而作者却甘愿放低姿态,聚焦于生活中的弱者,这是一种善良的体现和对生命的尊重。文中出现了三个角色,北京卑微的群演、早早进入社会的懵懂少年和巷子里脏兮兮的流浪猫,他们生活在社会的底层,却仍不失对美好生活的向往;他们的失意,他们的哀愁,他们壮志难酬的破碎,他们情真意切的低吟,都是一段段湿人眼眶的往事。作者将镜头对准这些小人物小动物,充满同情也充满尊重,以真挚细腻的语言向读者讲述了他们的故事,赞美之情隐含于字里行间。结尾简洁有力地收束了情感,表现出作者心中美好的愿景。

与一株花树相视而过

● 心灵寄语

> 那几株花树，如此生机地点缀了这片荒野。它们长在蓝天之下，并没有因为出身卑微，就辜负了这一程春光，反而愈发旺盛热烈地绽放着。

我路过很多个城市、站台、村庄、小镇，我常常很快就忘记了它们的容颜，还有那些模糊不清的路人的面孔，但那些一闪而过的树木，却如一枚印章，印在我记忆的扉页，再也祛除不掉。

我记得一次坐大巴，从家乡的小镇去北京，有八个小时的行程。是让人觉得厌倦的旅程，车上不断放着画面劣质的碟片，窗外是大片的田地，在晚春里，千篇一律地绿着。车上的人皆在枪战片的喊叫声里昏昏欲睡，我则看书，偶尔累了，才看一眼路边那些还荒芜着的山坡，或者赶羊吃草的农人。

而那片花树，就是这样映入我疲惫的视野。它们安静地站在路旁，接受着风雨，也迎接着沙尘。它们的周围，是堆积的石块、砖瓦，还有日积月累吹过来的沙子、柴草。这是一片荒废掉的土地，生命的脉象气息微弱。而那几株花树，却如此生机地点缀了这片荒野。

它们长在蓝天之下，并没有因为出身卑微，就辜负了这一程春光，反而愈发旺盛热烈地绽放着。

它们的花，有绢纸一样的质地，微微地皱着，可以触摸到内里的经络。这一树花，竟是有白色、粉色与紫红三种颜色。在阳光下，它们争先恐后地繁盛着，吸引着远道而来的蜜蜂、蝴蝶，还有我们这一车路人的视线。

我飞快地拿出了相机，啪啪啪地拍了很多张照片。旁边有人说："今日这些花朵，明日就全谢了，也只有在你相机里才能长久。"我不解，他细细讲述，这才知道，这种绚烂的花树，名叫木槿，也称扶桑，此花朝荣夕衰，但旧的凋零即刻有新的补上枝头，所以，在整个春夏之日，路过此地的车辆，总不会错过了它们这一场美丽的花期。

我一直觉得，它们是为每一个路过的旅客而生的，它们站在天地之间，用最盛烈又最朴质的姿势，给每一次注视，一次温暖的慰藉。这样的慰藉，是双向的。我相信我那一眼的惊异，也曾为这几株孤单的木槿，以及那些只有一次生命的花朵，注入过点滴的勇气与信念。尽管，木槿本身所代表的就是坚韧永恒的美。

我也记得在一些火车只停留一分钟的小站上，会见到一株株向上寂寞伸展的法桐。它们灰褐色的枝干，沉默着冲向那暗灰的天空，犹如一个寡言的男人，背负着俗世中的责任，一言不发地前行。

如果是夏日，它们密实的枝叶会给那些生活枯燥单调的小站服务者，最切实的荫凉与安慰。它们阔大的叶子，承载着这个站台火车穿梭而过时留下的尘灰，还有那巨大无边的哐当哐当声。这是一种胸怀极为宽广的树木，它们不仅生长在旷野，更葱郁着城市。它们吸附着人类排解的垃圾，却吐露着洁净的绿色的空气。而且，一旦在城市扎根,它们便努力地向上向下伸展,试图将那野性的生命,注入嘈杂喧嚣的人群。

而在冬日的旅行中,它们那裸露的遒劲的枝干,则同样温暖着旅人无处可以安放的视线。它们的科属是悬铃木,很美的名字。你可以想象,在冷寂的冬日里,它们挺拔地站在薄凉的阳光下,每一个枝干上都悬挂着乖巧的"铃铛",犹如圣诞树上挂着的糖果。风吹过时,它们在风里发出微微的响声,只有细听,你才能分辨得出,哪一种声音才是那些可爱的小球发出的絮语。

城市的四季,就这样从它们手掌一样向上托起的枝干上滑过,犹如一叶轻舟滑过江心的微波。而人的生命,也在与这些绽放或者不绽放的树木的注视中,穿过一重一重波澜起伏的春秋。

精彩赏析

八个小时的行程中,立于荒野的几株木槿成了作者的精神寄托,由此引发了作者对人生的思考。文章情景相生,融情于景,把具体的景物抽象成一种意象,用充满诗意的语言写景、记事、抒情,使读者流连忘返。除了木槿,还有寂寞伸展的法桐,它们"沉默着冲向那暗灰的天空,犹如一个寡言的男人,背负着俗世中的责任,一言不发地前行",带给人们心灵的启迪。文中的木槿和法桐不仅是普通的景物,更是尘世之外人类心灵的一种寄托,它们似乎能一直存在于荒野里,亘古不变,万世不移,注视着人世间的兴衰荣华。人生海海,千里孤途,愿每位疲惫的过客都能找到自己心中的那株树。

▶ **预测演练六**

1.阅读《花儿来得及》，回答下列问题。（8分）

（1）阅读本文，从"我"期待月季生命的过程中，你能读出"我"具有怎样的个性？（2分）

_____

_____

（2）文中反复写到"月季花"，试简要分析这样写的作用。（3分）

_____

_____

（3）"我"从月季花终于发芽、绽放的过程中获得了怎样的人生哲理？试简要说明。（3分）

_____

_____

2.阅读《手绘的密码》，回答下列问题。（8分）

（1）茉和同学们为什么要在校服上手绘那些图案？（2分）

_____

_____

（2）请赏析文章第二段句子"总抓住一切可以不穿校服的机会，放任自己妖娆地绽放"中"绽放"一词的妙处。（3分）

_____

_____

（3）当茉在讲台上骄傲地展示手绘作品时，同学们会有怎样的反应呢？请展开想象，补一段描写性文字。（60字以内）（3分）

_____

_____

3. 写作训练。（60分）

　　你那一刻的随意馈赠，宛如秋夜的流星，在我的生命深处点燃了烈焰。

　　　　　　　　　　　　　　　——泰戈尔

《流萤集》上的小诗，揭示了馈赠的意义。阅读《与一株花树相视而过》，请以"你的馈赠，点燃了我"为题，写一篇文章，不少于600字。

后　记

我至今记得夏日蝉鸣声中，那个小小的坐落在镇上的中学校园，安静中，隐匿着躁动与喧哗。

已经临近中考，但是早自习与晚自习，照例没有取消。还很早呢，天就亮起来了。先是刺耳的铃声，随即附近村庄里的鸡们也一声声叫了起来。睡眼惺忪中被班长和班主任带领着，开始沿乡间公路晨跑。3000米的路程并不是太短，我混在奔跑的队伍里，听着此起彼伏的喘息声，有水滴融入大海的心安。六月的大地，麦子已经收割，玉米还未长高，西瓜啊，棉花啊，谷子啊，距离成熟也都尚远，于是四目望去，便显得有些寂寥，好像毕业前夕的我们，这样跑啊跑，也不知会有怎样的结果。当然，没有被学校以升学率的原因劝退，还能在这条公路上一天天奔跑下去，已经证明我们是有学校可以接收的。只不过，是人人艳羡的一中，还是居于中游的二中，再或让父母没有面子的五中，就不得而知了。

我当然还算是好学生，每天被父母耳提面命，最是知道对于一个乡下的孩子，读书是唯一通往外面世界的桥梁。至于外面的世界是怎样的，是否愿意将我宽容地接纳，则全然不在我的考虑范围。我只知道，只要考上了最好的高中，我距离大学便又前进了一步。我跑在落满了麦粒的柏油路上，想着虚无缥缈又色彩斑斓的外面的世界，便觉得身体里充满了力量。如果这样一直跑，一直跑，便能够神奇地抵达光芒四射的大学校园，我一定会忘记了，这仅仅是一场毕业前夕的晨跑。

田野里吹来的风，有露水一样的凉。在拐过1500米的标志后，周围人的脚步，便杂沓起来。有人慢慢被我落在了后面，那急促紧张的呼吸，也变得远了、淡了，直至最后，无意中回头，会看到他们很快放弃了奔跑，倦怠地走在队伍的后面。也有人像看到了希望一样，忽然间添了力量，远远地将我超越。并且越来越快，到最后，我终于不再抱有能够追赶上那人的希望。

那时，我的呼吸开始变得急促，身体也跟着发热，于是便脱了蓝色的校服，系在腰间。风似乎更沁人了一些，不断地吹起我的发梢和衣角。沿途陆续有扛着锄头下地干活的农民，他们见我们跑过来，会下意识地后退几步，给我们让路。好像我们是一群奔驰的骏马，要前往遥远的战场，为江山而浴血奋战。他们的眼睛里带着仰慕、敬重，还有微微的嫉妒。似乎我们的身上有无数的花朵即将绽放。似乎我们比大地上他们侍弄的庄稼还能带来希望与力量。又似乎，他们在这个清晨，就是为了看我们朝气蓬勃地从面前经过，并卷起青春的风。

我知道那站在马路沿上的人并没有我的父母。但我还是会真诚地看他们一眼，并想起此刻的父母，一定也早早地起床，下地劳作了吧。他们从未贪睡过任何一个清晨，他们以这样的勤勉，侍奉着大地上的庄稼，并怀着质朴的希冀，期待成熟与芬芳。

做农民和做学生，都是不容易的。我在似乎永无边际的奔跑中，这样想。

但我还是一天天坚持下来。像一枚果实在风雨中摇摇欲坠地坚持到秋天。或者像我的父母，即便知道一亩地产不了多少粮食，还是一年一年耕种下去。并自始至终心怀着希望。好像，生活本身就是这样日复一日的劳作，目的遥遥无期，可是，终归是要朝前走的。

那时，我做了一沓又一沓的试卷，背了一本又一本的书。我将全部的自己，以根的形式，深深地扎进这一场考试中去。我以为那些学过的知识会全部烙刻在我的心里，就像我在所有同学的留言册上都写下了友谊地久天长的肺腑之言，可是，等我一考上大学，我便统统将他们忘记。那些曾经让我惆怅又不知所措的毕业时光，究竟是怎么从我的生命中消失掉了呢？我从小学一口气读到了博士，是不是时光也用神秘的橡皮擦，将那一次次毕业，从我的人生中全部擦拭干净？

那么，如果全部忘记，毕业对我们又究竟意味着什么？

我想了许久，直到有一天，在一个小小的火车站站台上等人，看到那些来去匆匆的旅客，还有悲伤告别的人们，忽然间明白，毕业其实是我们生命中的一个站台，即便某一天我忘记了所有的人，可是，站台依然还在那里。我永远无法跨越这一个站台抵达更远的远方。我只能一步一步离开这个湿热的夏天。就像大地上所有蓬勃的树木奔跑着伸向天空，却从未忘记留下清晰的年轮。

2021 年 11 月 29 日于青城

★ 试卷作家真题回顾 ★

【家　园】

1. ②　①（2分）

2. 比喻，将小鸡探头探脑抢夺食物的动作比作蛇的动作，形象地写出了小鸡偷吃食物时的小心翼翼与迅捷的动作，让小鸡变得格外可爱，字里行间体现出作者对于幼时陪伴我的小伙伴的喜爱与怀念。（3分）

3. 内容上：延续情节，铺垫搬家背景，从一处家园转到另一处家园，引出对于第二片庭院的回忆与思念；结构上：承上启下，继承上文的家园记忆，为后续的抒发感情做铺垫。（4分）

4. 开出紫色的小喇叭花

浓密的树叶大伞般遮住阳光

树叶飘落，枝干像以天空为背景的画（6分）

5. ①"家园"代表着我长大的场所，它是我年少时所居住的家；②"家园"是我童年回忆的载体，我对于家园的回忆代表了我对童年温馨生活的追忆；③"家园"是亲情的象征，父母姐弟在庭院中一起生活，成为"我"心中的美景；⑥"家园"代表着我对故土、故乡的人、儿时的玩伴以及童年时光的怀念。（4分）

【一株金银木点燃了冬天】

1. ①安静地开花不张扬，没人会注意。②愈发浓烈，火一样燃

烧，许多人被吸引。（4分）

2.示例一：我选择【甲】。这句话运用拟人的修辞手法，写出了夏天花朵们争奇斗艳的状态，与金银木安静地开花作对比，突出了金银木的不张扬。

示例二：我选择【乙】。这句话写出了夏日里，没有人注意金银木，从侧面突出了金银木的不张扬。

示例三：我选择【丙】。这句话运用比喻的修辞，写出了冬天风的猛烈，通过环境描写衬托出金银木不惧严寒的特点。（2分）

3.示例一：我会推荐给同学甲。因为文中写到金银木从不张扬，蕴蓄了整个夏天的激情，才在秋日里绚烂夺目，冬日里尽情燃烧。而同学甲性格张扬，做事浮躁，我希望他能通过这篇文章学习金银木做事不张扬的品格，学会厚积薄发。

示例二：我会推荐给同学乙。因为文中写道，起初没人会注意到金银木，但它一直积蓄力量开花，它坚持自信、不卑怯地绽放自己，最终吸引了人们并给予人们情感的力量。而同学乙性格懦弱，极度自卑。我希望他通过这篇文章学习金银木不卑怯的品格，收获自信。（3分）

【与纯真相遇】

1.葡萄园里讲解人员不重事实，满口胡话；工作人员"帮"吴青老人捡拾垃圾；在三苏祠"我"不辞而别，让大家为"我"担心。（3分）

2.（1）运用比喻的修辞手法，生动形象地表现出吴青的纯真并没有得到大家的理解，她能坚持做自己更显得难能可贵。（3分）

（2）"粗鄙的角落"主要指内心的阴暗面，如虚伪、冷漠等。

在这里，当人们看到吴青的眼睛时就会意识到自己内心的不足，开始审视自己，反思自己，从而改变自己。（3分）

3.可以删除。本段点明了吴青与冰心的关系以及和作者的缘分，而本文主旨是对纯真品质的一种赞美，删除并不影响文章主旨。（3分）

4.一语双关；文章线索；概括文章主要内容；点明文章主旨。（3分）

5."那笑声"是洁净、纯真内心的外在表现，"浸润"指在潜移默化中受到美好心灵的感染和熏陶。无论经历怎样的人生起落，都要坚持做人的底线，特别是基本的道德素养。让人生充满阳光，积极向上，传播正能量，我们的世界才会变得更加美好。（6分）

【不想历经的那年夏天】

1.父亲倒热水让我烫脚，替我剪脚指甲；父母为了不打扰我休息，一夜没睡好；父亲骑车送我到考点；母亲担心"我"吃不好，让父亲带"我"吃午饭。（4分）

2.（1）因为父亲的温柔举动而感动，但又怕被父亲看到自己流泪而不好意思。（2分）

（2）因为父亲为"我"奔波付出而感动，也为同学把父亲说成是服务员而难过。（2分）

3.写出了"我"的豪气与自信，为下文写"我"到城市定居埋下伏笔；突出了高考对人生的重要性，与上文第四段写老师的关心、同学的鼓励相呼应；更好地表达了"我"对那年夏天的独特情感，深化了文章主旨。（3分）

4.烙下深深的印痕，是因为那年夏天父母关心、同学鼓励、生活充实而感到难忘,也是因为自己的人生在那年夏天有了彻底的改变而心怀感激。不想再经历,是因为背水一战、压力太大而害怕经历。(3分)人生中类似的经历既然无法躲避,那就勇敢面对、坦然面对;人生的经历或美好或痛苦,只要走过去,就会成为人生的一笔财富;珍惜人生的每一次经历等。(2分,只要能结合文本,言之成理即可)

★ 试卷作家美文赏练 ★

【预测演练一】

1.(1)"我"在窗前的灯下做模拟试卷、"我"在昏黄的灯下做完了试卷、"我"猫在院子的一角睡前上厕所、"我"孤独地蒙了头闭眼睡去。(2分)

(2)用比喻的修辞手法,将弟弟梦中的短促笑声比作露珠滑落的过程,生动形象地写出了笑声的转瞬即逝,也展现出熟睡弟弟的可爱。(2分)

(3)本文使用拟人的修辞手法,将"风"塑造成一个孤独的行走者和观察者。夜晚的村庄在风游走的过程中——被展现出来,为读者呈现了一幅农村夜晚生活的图画。至此,风不再只是自然的气流,而是村庄丰富内涵的见证者。(3分)

2.(1)①自然界的实实在在的风。(2分)②内心执着于理想的强大动力。(2分)

(2)①多用拟声词,给读者以身临其境之感,如"啊啊啊"形象地写出弟弟奔跑时的快乐心情,"呼呼"形象地写出风的强劲有力,用"呼哧呼哧"生动地展现出弟弟迎风奔跑时气喘吁吁的样子。②运用想象的手法,丰富文章内容。作者由风的呼呼声想象风扯拽弟弟双脚的情态,凸显风的阻力;由弟弟的喘气声想象弟弟此时脸红却又追赶不上的状态,塑造了弟弟奋力奔跑的形象。③运用拟人的修辞,生动自然地将风当作人来写,形象地表现了"我"和弟弟奋力前行时遇到的阻力。(3分)

(3)内容上,以沙蓬草的经历比喻人一生的经历;结构上,通过对沙蓬草随风流浪状态的猜想引出下文对弟弟和村庄的怀念。(3分)

(4)①以对过往的回忆表达对曾经的快乐生活的怀念;②通过写当下生活的失落表达对人生不可预知的感伤;③通过追忆过往、慨叹当下和想象回归表达对生命成长过程的思考,即要珍惜生命中曾经拥有的美好。(4分)

3.略

【预测演练二】

1.(1)这段情节衬托了秋天的孤寂萧瑟,也反映出作者孩童时期丰富的想象力。通过这种想象,我们可以看出乡下一代又一代人重复的生活模式。(3分)

(2)①父母承担着生活的重担,日夜为衣食和孩子上学操劳,父母希望自己辛苦培养的孩子能够学有所成,才不辜负他们的辛苦。②一斤玉米能换多少油条或者馒头、一斤黄豆能买多少尺粗布是他们最关心的话题,所以父母会考孩子这样的问题。(4分)

(3)表现出秋收季节的忙碌,父母要不停地收各种作物,孩子也要不停地被父母考算术题,表现出乡下农耕生活的辛苦。(4分)

2.(1)孩子对大自然是充满好奇心的,在孩子的眼中,蚂蚁的

生活是值得羡慕的，它们不需要为了生计辛苦地种地，也不需要为了前程辛苦地读书，这体现出典型的孩子心理。（3分）

（2）在乡下，蚂蚁与人们离得很近，在生活中随处可见蚂蚁的身影，它们也为乡下的大人、孩子带来一些生活中的乐趣。（3分）

（3）①蚂蚁勤劳，四处奔走寻找食物；②蚂蚁生命顽强，能够适应各种环境；③蚂蚁短寿但是繁殖能力强，因此世世代代，生生不息。（3分）

3. 略

【预测演练三】

1.（1）①引起读者阅读的兴趣；②介绍了文章的主要人物；③是文章的线索。（2分）

（2）①为人仗义大方、憨厚实在；②吃苦耐劳，做豆腐的手艺好；③会被家庭的温馨幸福所打动。（3分）

（3）①使用第一人称来写，显得真切、细腻，把读者带入情景，拉近作者与读者的距离；②以儿童视角来写，真实自然地袒露儿童天真无邪的心灵世界。（3分）

2.（1）因为秋天父母有干不完的农活，收割不完的庄稼，就连姐姐都要干活搂树叶。每个人都是忙碌的，游手好闲的"我"觉得很孤单，所以觉得秋天漫长无边。（3分）

（2）因为秋天的落叶就像老人一样，生命进入倒计时，这是无法抵抗的生命循环。（3分）

（3）大地变得开阔、寂静是为了衬托人们秋收的紧张、忙碌，寂静、冷清和热闹的秋收形成鲜明的对比。（3分）

3. 略

【预测演练四】

1.（1）D（3分）

（2）这一段采用比喻和拟人的修辞手法，将风人物化，写出了月夜的静谧美好。生动形象地写出了月亮隐现的情景，富有动感与情趣。增强了语势，强化了月亮带给人的美好快乐的感觉。（4分）

2.（1）有些阴冷，鲜花盛开，氧气充沛，美食丰富。（4分）

（2）作者以早餐作结尾，既有对成都的喜爱，又有对成都悠闲生活的向往。（4分）

（3）成都是南方具有代表性的城市。成都的日与夜有着鲜明的特色。突出作者对成都的喜爱。（4分）

3.略

【预测演练五】

1.（1）结构上：呼应题目；内容上：交代故事发生的时间和对象，引出下文。（3分）

（2）本句运用环境描写，形象具体地表现出了白茶园所处位置的荒芜、远离人烟的特点。（3分）

（3）茶拥有的三次生命分别是在万物复苏的春天生长、在洒满阳光的竹匾上晾晒、在遥远的路途中运送。（3分）

2.（1）设置悬念，引发读者阅读兴趣。（2分）

（2）运用比喻的手法将乐山比作无着无落的云，体现了乐山的悠闲自在。（3分）

（3）热爱学习，将书法和绘画当作游戏，以至于忘我；凭借自身的书法和绘画才能赚取外快。（3分）

（4）人要凭一己之力去赚钱；要发挥自身的优点和长处；去做自己爱做的事；将自己投入学习之中，把它当作乐趣，还可以收获知识。（4分）

3.略

【预测演练六】

1.（1）虽然月季一开始没有发芽，但"我"仍没有放弃，由此可以看出"我"具有心地善良的本性，心怀自卑却执着向上，并最终变得自信。（2分）

（2）月季花是全文写作的中心，又是贯穿全文的线索，同时具有比喻"我"的人生际遇，烘托"我"的形象的作用。（3分）

（3）示例：世上的一切事物，不管曾经多么卑微，只要执着向上，锲而不舍，就能抽枝发芽，天天向上。（3分）

2.（1）通过这些图案表达自己对美的追求；这些图案蕴含着每个人的喜好、爱恨等情感；通过这些花朵来张扬青春的个性。（2分）

（2）"绽放"一词将人比作花，生动地表现出女孩们爱美并勇于展示美的天性，很有表现力。（3分）

（3）示例：哇，那是多么美丽娇艳而又姿态万千的一朵朵山茶花！同学们都睁大了双眼，露出了欣羡的神情……（3分）

3.略

试卷上的作家

初中生美文读本

序 号	作 者	作 品
1	安 宁	一只蚂蚁爬过春天
2	安武林	安徒生的孤独
3	曹 旭	有温度的生活
4	林 夕	从身边最近的地方寻找快乐
5	简 默	指尖花田
6	乔 叶	鲜花课
7	吴 然	白水台看云
8	叶倾城	用三十年等我自己长大
9	张国龙	一里路需要走多久
10	张丽钧	心壤之上,万亩花开

高中生美文读本

序 号	作 者	作 品
1	韩小蕙	目标始终如一
2	林 彦	星星还在北方
3	刘庆邦	端 灯
4	刘心武	起点之美
5	梅 洁	楼兰的忧郁
6	裘山山	相亲相爱的水
7	王兆胜	阳光心房
8	辛 茜	鸟儿细语
9	杨海蒂	杂花生树
10	尹传红	由雪引发的科学实验
11	朱 鸿	高考作文的命题与散文写作

全真模拟考场
高频必刷真题,演练出高分

应试技能直升
阅读专题精讲,考试有高招

"码"上进入
阅读提分 充电站
学业提升有计划

扫码进入

作文精修助手
在线纠错润色,练就范文水平

命题热点课代表
趋势快讯一手掌握,轻松迎战中